# yujiの星読み語り

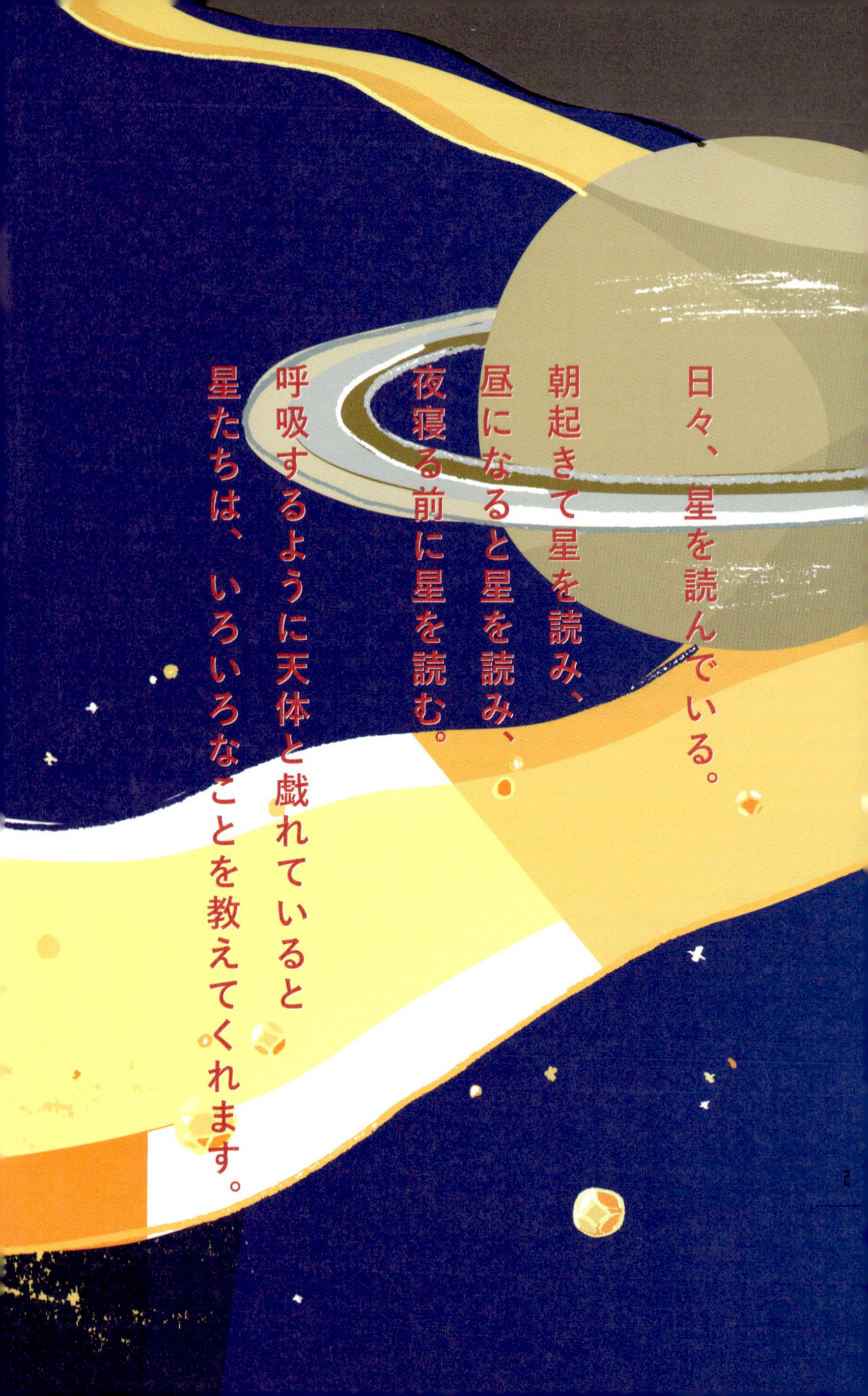

日々、星を読んでいる。
朝起きて星を読み、
昼になると星を読み、
夜寝る前に星を読む。
呼吸するように天体と戯れていると
星たちは、いろいろなことを教えてくれます。

# PROLOGUE

特に、ここ数年の星の動きは
慌ただしくにぎやかで、

それもそのはず、
２０１８年から２０２０年にかけては
社会の常識が覆され、
固定観念が解体され始め、
みずみずしい価値観が芽吹きを迎えるのです。

その先には、これまで経験したことのない
新しい世界が待っています。

今を生きる私たちも
このままではいられない。

心の声に従って、自分の純度を上げていこう。
時代の波に翻弄されない「自分軸」を確立しよう。

人生の攻略方法は、すべて星が教えてくれます。

さぁ、一緒に、
新時代を読み解くための
「星読み」を始めてみませんか？

# CONTENTS



CHAPTER I

## 星を読む

CHAPTER 2

# 星座しらべ

CHAPTER 3

# 星が導く自分の在るべき場所



CHAPTER 4

# 運命のホロスコープ

CHAPTER 5

# 星を読む　その先へ

CHAPTER 1

# 星を読む

星々は、私たちがそれぞれのレールに乗るための道を示してくれます。
あるべき自分の姿に戻るために、私たちはどう過ごしていけばよいのか。
星たちからのメッセージを、私なりにみなさんにお伝えしていきます。

Twinkle, twinkle,
little star,
How I wonder
what you are!

# サードパラダイムシフトの渦中にいる

「これから到来する新しい時代は、どのような世界になっていくだろう?」ということを考えるにあたって、まずはざっと歴史を振り返り、時代による強者像の変遷を辿ってみたいと思います。

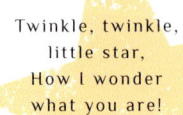

歴史を紐解き、「どんな時代にどんな人物が、社会で力を持っていたのか?」ということを軸に考えてみると、現代に生きる私たちは今、「サードパラダイムシフト」の渦中にいることがわかるのです。

有史以来、最初のパラダイムシフトは、縄文・弥生時代に狩猟採集社会から農耕社会へと進化を遂げたことでした。それまで、人は狩りをしたり木の実を集めたりすることで生活の糧を得ていたのですが、稲作を覚えたことで暮らしぶりは一変、食料を蓄えられるようになったのです。

すると、次に必要となったのは「自分の土地を守る」という概念で、ここで自警団を備えた領主という強者が出現します。一方、土地の豊かさや天候を占うことができるシャーマニックな人物も、民衆から崇められて大きな力を持つことになりました。

いずれにしても、この時代の富の象徴は、稲などの農作物をどれだけ多く収穫できるかということで、その価値観は、かなり長い間、重視されていたように思います。歴史が進み、武家社会が中心の世の中になっても、土地の生産性を表す「石高《こくだか》」という単位は、大名の格や階級の基準となり、豊かさの指標として生き続けていました。

そしてその後、社会における強者像を大きく転換させたのは、イギリスから始まった産業革命です。これにより、時代の価値観はセカンドパラダイムシフトへ突入。工業技術が発達して大量生産が可能になると、消費活動が活発化。富の象徴は、農作物から現金へ移行していきました。銀行家が台頭し、時代の強者像は、より多くの現金をストック（保有）する資産家や富豪など、富裕層と呼ばれる人たちへと移り変わっていったのです。

そして2019年、「令和」の時代。

現時点では、依然としてファイナンシャルリッチ（＝お金持ち）が幅を利かせる社会は続いていますが、実は私たちは今、時代の変革期である「サードパラダイムシフト」に差し掛かっているのです。このことはもちろん、星の動きと密接に関わっていて、2018〜2020年には、社会に大きな影響を及ぼすいくつかの重要な星の動きがあり、ルールや価値観といった社会の土台が根底から覆されていく流れが読み取れます。

なかでも、２０２０年に起こる「グレートコンジャンクション」という特別な星の動きには、世の中を「土の時代から風の時代へ」シフトさせる大きな働きがあります。

エレメントの移行は、約２４０年に１度と言われる大改革で、実は前回、土の時代がスタートした頃に起きたのが、産業革命でした。つまり土の時代とは、産業革命以降から２０２０年12月20日（この日より土星と木星が水瓶座に入り、新しい時代になる）までを指しますが、これは先程お話ししたように「ストック」がものを言う時代。「歴史」「伝統」「学歴」などが重要な尺度となり、「肩書き」や「ブランド」が憧れの対象となる時代だったかと思います。

また、土の時代は「物質的なもの」が価値を持っていたことも特徴的。「物を持っていること＝リッチ」という方程式が成立していたため、より多くのものを所有したり、ハイグレードなものを使用したりすることが高評価や羨望の的でした。例えば、銀行で融資を受ける際も、預貯金や不動産などの物質的資産を持っていることが信用の大きな指標になるなど、とにもかくにも「持てる者」が強者だったのです。

しかし、今まさに移行しつつある「風の時代」は、そんな価値観をガラリと変えていくでしょう。今後、成功のルールや強者のキーワードは、「情報」「リレーションシップ」「センス」といった、「流れているもの」「目に見えないもの」にフォーカスされていきます。それは、お金をたくさん持っていることよりも、豊かな人間関係やコアなファンを掴んでいる人が価値を高めていく時代といえるでしょう。

さらに、「継続は力なり」と言われていた土の時代に対して、風の時代は、必要に応じて生き方やシステム、制度、方法、姿形までをもフレキシブルに変えることが時代にマッチするとされていきます。30年ローンで家を購入するよりも、フットワークのいい賃貸が見直され、ホテル暮らしが重視されるなど、多くの物を持たずノマディックな生活を選んだとしても、ルールにとらわれず、オリジナルを創造できる人であれば、幸せな価値観を得ることができる。私たちは今、そんな「サードパラダイムシフト」に足を踏み入れ始めているのです。

Suddenly
some stars
from heaven
fell down.

# 2018〜2020年に重要なこと

前項では、私たちは今、時代の大転換期の中にいるということをお伝えしました。メインとなるのは2018〜2020年の約3年間。なぜ、その3年間なのか？ その理由は、この3年の間に起こるいくつかの特別な星の動きが物語っています（詳しい年表はP24を参照）。

転換期の始まりは、2017年12月に起きた「土星と冥王星の山羊座への入室」。この天体配置は2020年12月まで続きますが、多くの占術関係者が、これを根拠に「世界が変わる3年間」と伝えています。ルールや強制執行、矯正などの意味を持つ土星と、破壊と再生を司る冥王星。このふたつの天体が、社会構造や権力、政治、世界観、主権の在り処などを表す山羊座に留まることで、社会の基盤にメガトン級のハンマーを打ち込み、新たなビッグバンを引き起こすのです。

続く2019年3月には、「革命を促す星と呼ばれる天王星が、牡牛座に入室」。特に今回の天王星は、牡牛座の象意の中でも「財」や「豊かさ」に影響を与えます。こちらも、世の中の価値観を根底から揺るがす重要なテーマとなるでしょう。

その内容は、ひとつはお金の流通方法や稼ぎ方の変化。仮想通貨の登場やクラウドファンディングの広がりなどは、まさにいい例です。

もうひとつは、今後自分がどう稼いでいくべきかという命題に、とことん向き合わされるということ。適材適所が進み、本来ビジネスマンになるべき人がビジネスマンになり、教育者になるべき人が教育者になる。時代にフィットしないものはどんどん淘汰されていくでしょう。なので、とある店は閉店するかもしれませんが、そこにはきっと、以前よりも人気の高い店が現れるでしょう。閉店した店の店主は、より自分に合う別の分野で活躍していけるはずなのです。

そして、新時代の到来を最も直接的に表すのが、2020年12月に起こる「ハイパーレアなグレートコンジャンクション」。まずはこのヒーロー味溢れる占星術用語について解説しましょう。グレートコンジャンクションとは、公転周期の異なる木星と土星が19・895年ごとに重なり合う天体配置のこと。土星には、先程お話ししたルール、強制執行、矯正以外にも土台やベースといった意味があり、それが拡大や発展などを表す木星とドッキングすることで、土台となるものやルールに大きな影響を与えることになります。

しかし、今回のグレコン（名前が長いので、ここからは略称にて）がハイパーレアな理由はここからで、ドッキングは水瓶座で起こります。水瓶座は「風」のエレメント。実はグレコンには「同じエレメントが約240年間続く」という不思議な規則性があるのですが、まさに今回は、約240年ぶりにエレメントが移り変わろうとしているタイミングなのです。

エレメントが変わる節目には、歴史的大事件が起きたり、時代の潮流が変化したり、強者が変わったりする傾向があります。ちなみに、前回、「火」から「土」の時代にシフトしたのは1780年頃。イギリスで産業革命が起こり、ローマ皇帝や征夷大将軍など武力がものを言っていた時代から、銀行家など現金を大量にストックしている人が強者となる時代へと移行した、まさにターニングポイントでした。

「風」の時代の強者像については、前項でお伝えしたのでそちらをお読み頂ければと思いますが、今後は、「土」の時代の物質主義的、ストック重視の価値観が通用しなくなると同時に、目に見えないものの価値が増し、フットワークのよさが鍵になる世の中へと移り変わっていくでしょう。

そして、最後にもうひとつ。少し話が戻りますが、2019年12月に起こる特筆すべき天体移動があります。ベースとなるのは、本項の最初にお伝えした「土星と冥王星の山羊座への入室」。12月には、そこに木星が加わることで「土星・冥王星・山羊座のボルテージが最大級に引き上げられる」のです。この状態は、例えるならば、5大ゼネコンが勢揃いして社会全体の突貫工事を始めるようなもの！　至るところにどんどん新しいインフラが作られていく、そんな一大イベントです。

山羊座はまた、一国一城の主を目指す星座でもあるため、大事なのは、ひとりひとりが「キングダム（＝自分の王国）」を完成させること。「あなたが建てたいのはどんな国ですか？」「そこにはどんなポリシー（法律）を布くつもりですか？」。今こそ、あなた自身がキングやクイーンになるために、あなたの中の要らないキャストには退出願いましょう。
ルールから設定からBGMから、すべてを自分色に変えていくために必要なのは、誰の価値観でもない確固たる自分軸です。次の項からは、そんな自分軸の作り方をご説明していきたいと思います。

新時代に突入!

# 近年の星の動きを読む

2018年 ／ 12月 2017年 1780年頃

**土**の時代　**火**の時代

## 武力の時代

農作物が富の象徴となり、土地の生産性の高さが大名の格や階級の基準に。

産業革命

## 物資の時代

富の象徴は農作物から現金へ。より多くの現金をストックする資産家が強者に。

## 「土星」と「冥王星」が山羊座に入室

社会の基盤にメスが入り、大きな変化が起こる

政治

働き方

スポーツ・芸能

## 世界が変わる3年間

2019年 3月 5月 12月 2020年 12月 2021年

## 風の時代

「天王星」が牡牛座に入室

「財」や「豊かさ」の価値観を揺るがす

電子マネー

増税

新元号「令和」

「土星」と「冥王星」の山羊座入室に

「木星」が加わる

時代の移り変わりのボルテージが最高潮に！

グレートコンジャンクション

「木星」と「土星」が水瓶座で重なる

目に見えないものの価値が上がる

フットワークの軽さが鍵となる新時代へ



※天体の詳しい説明は P88～を参照ください。

All men have stars,
but they are not
the same things
for different people.

# 純度100％の自分になる

ここからは、時代の潮流や周囲の思惑に流されることのない自分軸を作るための方法をお伝えしていきたいと思います。

まず、これから先、常に意識し続けて頂きたいファーストステップは、「純度100％の自分」を目指すこと。私たちは日頃、社会に生きていると、いつの間にか世俗の垢にまみれてしまいます。世間の常識や人間関係のしがらみ、所属団体のルールなど、世の中には様々な「～すべき」がありますが、それらが本来の自分にどんどん重ねられていくと、人は、まるで厚い衣に包まれた「エビ天」のようになってしまうのです（笑）。

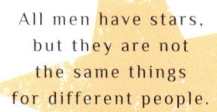

厚ぼったい衣をまとった「エビ天」も、もとはプリプリの新鮮なエビだったはず。そして、おそらく2018年には、多くの人が、その衣を強制的に削ぎ落とされるようなプロセスを迫られたのではないでしょうか？
もとのフレッシュなエビに戻るために衣をどのくらい削がれたのかは、それぞれの衣の付き具合によって異なります。たくさん付いていた人はたくさん削られたでしょうし、なかには削られたことに気づかないくらい衣が少なかった人もいたかもしれません。また、その削られ方は各人の星回りによっても変わってくるので、メインとなる2017年末～2018年を中心に、±1～2年の誤差が生じているかもしれません。

ともかく、そうして衣をすべて取り去ったフレッシュなエビとは、いわば「あなたの本来の姿」であり「本質」とも呼びたい部分。だからこそ、衣を削ぎ落とすための方法は、自分にしか見つけられません。「自分はどうなりたいのか？」「何が欲しいのか？」と、ひたすら自分に問い掛けること。それが唯一の、そして最良の方法なのです。

個人鑑定やトークショーの場でこのようにお伝えすると、「自分でも、どうしたいのかわからない」という方がいらっしゃいます。それはなぜかというと、これまで別人の仮面を被り続けてきたから。自分と向き合うことを避けているうちに、自分の本心が埋もれて見えなくなってしまったのです。

そこで、自分の本心を掴むためのリハビリとしておすすめしたいのが、日常の中にある些細な選択肢にひとつひとつ明確な答えを出していくトレーニングです。「コーヒーにする？　紅茶にする？」という場面で、本当は迷っていたとしても、「どちらかというと、こっち」という方を自発的に選択してみましょう。毎日のように1問1答を続けていくと、「選ぶとテンションが上がるもの」や「自分が心から好きなこと」が徐々にわかってくるはずです。それを毎回きっぱりと選べるようになったとき、あなたは、もとのプリプリだったフレッシュなエビ＝「純度１００％の自分」に一歩近づけることでしょう。

ごく稀にですが、もとから「自分らしさ全開」で生きてきたため、ほとんど衣が付いていない人もいます。ただ、そういう人はこの激動期に何も変わらないのかというと、そんなことはありません。衣がゼロに近い場合は、本人の意志にかかわらず、周囲の環境が移り変わることで何かしらの変化が訪れることでしょう。

The stars are beautiful because there is a flower on one of them.

# 同調圧力に負けない力をつける

「純度100%の自分」になるためには、自分の心と向き合うことが不可欠。それは間違いないのですが、難しいのが、自分の本心に気づけても、意思を曲げたり引っ込めたりしてしまう場合があることです。

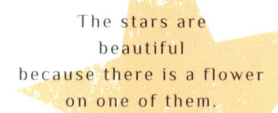

その原因は、周囲の「同調圧力」に迎合してしまうから。私たちは日々、家族にはじまり、学校や職場、趣味の場やご近所づき合いなど、集団の中で暮らしています。やりたいことを見つけても、常識や多数派の意見から外れそうだと感じると、つい環境に合わせて、無意識に自分の意見を軌道修正してしまう。そんなケースは、少なくないのではないでしょうか?

例えば、仲間内で「いくらでも旅費を掛けられるなら、どこに旅行したい？」という話をするとします。私なら断然、「ヨーロッパ！」と答えますが、みなさんは素直に行きたい場所を答えられますか？ もちろん、そこに正解などありません。ハワイでも、中国でもインドでも、国内でも、見栄を張ったり誰かに気を遣うことなく、思ったままを言えばいいのです。

細かい話をすると、私は絶対に某「夢の国」には行きません。別に「嫌い！」と思っているわけではありませんが（笑）、まったく興味をそそられないので、自分の人生には必要のないものだと認識しています。ディスプレイを見てもテンションは上がらないし、何も感じない。どんなに人気があっても、「自分は行かなくていい」というスタンスなのです。

しかし、ここで力を及ぼしてくるのが「同調圧力」です。某「夢の国」は、幸せや善良なものの象徴のようになっているため、「嫌いな人なんているの？」と言われてしまうかもしれません。それでも私なら、「いや、頭に耳とか付けたくありませんから！」と答えます（笑）。例え誘われても、行きたくないのであれば堂々と意思表示することが大切なのです。

また、私は最近スーツを全部捨てました。自分のキャラクターを「ニットキャップとサングラスの男」に設定して、「今後、その格好で行けない場所には行かない！」と、アイデンティティの表明を決めたからです。

例えば、タモリさんはどんなときでもサングラスをしているし、X JAPANのYOSHIKIさんは黒装束にサングラス。デーモン小暮閣下は、あのメイクと衣装があるから「我輩は」なんて語っていられるのでしょう。

これは個性的な例ではありますが、自分のキャラクターを固めると、自ずと自分軸も定まってきて、行動に反映されていきます。そして自分軸があれば、そこから外れているものはどんどん不要になっていく。みなさんも、仕事帰りに映画を観に行きたいなら、ムリに飲み会の誘いに乗らなくていいんです。そこで「ノー」が言えなくなってしまうと、自分が自分以外のものになってしまいます。

そもそも、宇宙的な視点から見れば、世の中で「〜ねばならない」と言われていることの大半は意味のないもの。俯瞰して見ると、それらが人間界だけに存在しているフレームワークで、「意外とどうでもいいもの」「こだわる必要のないもの」だと気づけるかもしれません。

同調圧力に負けそうになったときは、視野を広げてみることで、「〜ねばならない」のルールから解放されていきましょう。

They looked up
and saw a star,
Shining in the east,
beyond them far.

# 人間関係の整理

物への執着を手放す片づけ術として、日本中で支持されている「断捨離」。実はこの思想は、自分の本質を掘り起こす作業をする際にも、非常に役に立ちます。

あなたは今、常識やしがらみに縛られて、不要なものをたくさん溜め込んでいる状態ではないでしょうか？ そしてそれらが、本来の自分の姿を見えにくくしているとしたら、要らないものはいち早く手放していかなければなりません。例えば服なら、本当に必要なのはモテ服ではなく、自分のテンションを上げられる服。自分純度を上げたいわけですから、外部か

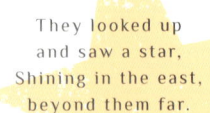

らの評価はできるだけ排除して、「内側から湧き上がる自分らしさ」を絞り込んでいくことが肝心なのです。

手始めに、自分を振り返り、これまで積み上げてきた人生の積み木が何色になっているかイメージしてみて下さい。きっと多くの方が、「本当の私は〝赤〟だと思うけど、レインボーカラーになっているなあ」と感じるのではないでしょうか？

星の動きと連動させて考えると、ここ数年は社会全体が大きなふるいにかけられているような流動的な状態にあります。つまり、物質も人も、あらゆるものが、それぞれの「パレット（＝あるべき持ち場）」に選り分けられている、そんな過渡期を迎えているのです。

もう少し詳しく説明すると、まず2012年までは、青と緑は同じ寒色系としてひと括りのグループになっていました。それが2015年には、青と緑の間にベルリンの壁が立ちはだかって、分断。さらにそこから2017年までの間には、同じ色の中にも濃淡が生まれ、ブルーは濃いブルーと淡いブルーに、グリーンは濃いグリーンと淡いグリーンに。

そして2018年になると、グラデーションはいっそう細分化され、ロイヤルブルー、プルシアンブルー、エメラルドグリーン、ビリジアングリーン……と分けられて、今ではもう100色色鉛筆みたいな多様さが生まれています。

もともとはなんとなく「緑」だったものが、徐々に波長ごとに分類されていく。この感覚は、人間関係の整理を考える際に反映させてみるといいでしょう。

ここ数年は、あなた自身も「去年までは仲良しだった人に、今年はなぜか違和感を感じる」と思うことが増えているかもしれません。「最近、話が合わなくなった」「連絡が来なくなった」など、ご縁が離れてきたなと感じる場合は、潔くアディオスすることをおすすめします。

エメラルドグリーンはエメラルドグリーン同士、同類項で集まろうとしているのに、そこにイエローがしがみついたとて弾かれるだけ。スッパリと割り切るのは確かに難しいことかもしれませんが、スムーズにつながれない相手とムリにつながろうとすることは、星的な見方では「無粋」と言うのです。

人は、コンフォートゾーンから離れたがらない生き物です。そこには、経済的な事情だったり、ステータスを捨てられない未練だったり、様々な理由があるかもしれませんが、それらは総じて「恐れ」というもの。私たちは今、それを飛び越える時期に差し掛かっています。例えば自分のキャラクターが「ガチャピン」だと判明したら、「ドラえもん」のキャストにしがみついていても仕方がないですよね。早く本来の居場所に戻るべきだし、まずは何より、そのことに気づくことが先決なのです。

一方で、縁について逆の方向から考えてみると、「環境が人を作る」というケースも無くはありません。そもそも同質の波長は引き合う性質があり、似たような気質やオーラ同士は、引き寄せ合うもの。

例えば、あなたの周りにいる親しい人を20人ほどピックアップして、みなさんを足して人数で割った際の〝最大公約数〟的なシルエットは、あなたそのもの、またはかなり近い値だったりしないでしょうか？

つまり、あなたが自分の目標や、やりたい方向性を明確に持っている状態であれば、その領域の人たちと親しくなることで、理想像に近づけることがあります。

また、人生に満足できていなかったり、行き詰まっていたり、何か突破したかったりと変化を求めている場合も同様です。「朱に交われば赤くなる」ということわざのように、環境を変えてみると、そこに気質や波動が同調して自分が変われることがあるのです（とはいえ、明らかに合わない波長もあるので、すべてに適応できるわけではありませんが）。

ご参考までに、人とのつき合い方を変えることで、変わっていく運もあることを覚えておくといいでしょう。

If you love a flower
that lives on a star,
it is sweet
to look at the sky at night.

# 情報断ちをする

前項では、「純度100％の自分になるために、人間関係を整理しましょう」とお伝えしましたが、「手放すだけで充分」とはいかないのが、現代に生きる私たちです。今どきは、スマートフォンの通信手段だけでも、LINEやメール、Twitter、Instagram、Skypeなど、多くの選択肢があり、常時どこかに接続していると、それだけ新たなノイズも生じやすくなります。

心の純度を上げることが大事だと言っているのに、情報ばかり「in」していたら、心からの「out」なんて出てくるはずがありません。心に空き容量があればこそ、その空白部分に、楽しいことやワクワクすることが生まれてくるのです。

そこで、情報断ちをしてみませんか？ 最近、健康のためのファスティング（断食）道場がちょっとしたブームですが、同じように情報断食を敢行してみるのです。

私が考えるに、たぶん世の中の情報のうち90％くらいは、その人にとって「必要ないもの」です。どういうことかと言うと、社会に情報が溢れ、人と人とがつながりやすくなった今、様々な提案や誘いがあったとしても、本当に行かなければならないものは10％くらいだと思うのです。

なかには、うまく情報を精査できている方もいらっしゃるかもしれませんが、ノイズの中に生きる多くの方にとって、本来、全身全霊で当たるべきことは、多く見積もっても20％くらい。そして、2018〜2020

年の間は、まだ「自分の色」を動かせる猶予期間です。だから今は、入ってくる情報を「自分らしい／らしくない」と判断して、ノイズをシャットアウトしていかなくてはなりません。あれもこれもと抱え込み、ミックスカラーになってしまっている状態は、もう卒業するときなのです。

大ヒットしたドラマ『ドクターX～外科医・大門未知子～』では、スゴ腕の医師・大門未知子の言う「致しません！」というセリフが話題となりました。実は、2020年までにやらなきゃいけないことは、まさしくアレ！「オペレーション大門未知子」です（笑）。

彼女は、医師の本質は人の命を救うことだとわかっているからこそ、おざなりな会議や出世競争には参加する気がさらさらありません。それはつまり、「自分のパフォーマンスを下げることはやらない」と言っているわけで、その代わり、必要なオペはすべて成功させます。「それって、医師免許が必要ですか？」は、「それって、自分じゃないとダメですか？」という意味。そして今、私たちがこだわりたいのは、まさにそこなのです。

次から次へと流れてくる情報に踊らされて、自分を世間に馴染ませようとするのは、もうやめましょう。それよりも、どうか心の声を聞いて、あなた自身が気持ちいいと感じられる方法で生活してみて下さい。そうすればきっと、本当にやりたいことや好きなことが見えてきます。

心は、自分の幸せを感知する最も敏感なセンサーであり、人生の羅針盤。ゆっくりとひとりの時間を確保して、心と向き合ってみましょう。外部からの情報をシャットアウトし、圧倒的な静寂を保つことができれば、心は、あなただけに通じる方法でメッセージを送ってくれるはずです。

Silent night,
holy night.
All is calm,
all is bright.

# 「私なんか」の〝なんか〞を取る

鑑定の現場で「あなたにはこういうことが向いていますよ」とアドバイスすると、「私なんかがそんなことをしてもいいのでしょうか？」とおっしゃる方がよくいらっしゃいます。

「私〝なんか〞が……」

一見、身の程をわきまえた、とても謙虚な発言のようですが、実はこれって、ものすごくエゴイスティック。仏教用語では、エゴ（自我）は「小《しょう》我《が》」と「大我《たいが》」に分類されることがありますが、「私なんか」の〝なんか〞というフレーズは、まさに自己中心的で視野の狭い「小我」でできているのではないかと思うのです。

とりわけ、2018~2020年の3年間は、世の中の大半の人たちが様々な方向から「これやってみたら?」という圧力を受けることになるでしょう。もしも、家族やパートナー、上司や友人など、周囲の人たちから「あなたはこれをやった方がいいよ」とすすめられる案件があった場合、それは宇宙的・全体的な視点に立ったときに「あなたに適任である」「あなたがやるべきことである」という〝上〟からのメッセージだと理解した方がいいのです。

少々逆説的な例えになりますが、美しさを競うミスコンテストでは、いくら出場する本人が「私がいちばん美しい」と思っても、審査員に評価されないことには優勝できません。自分と他人の評価というものは往々にして異なるため、自分で自分を評価するのはとても難しいこと。もちろん、自己肯定感やプライドは大事にするべきだと思いますが、評価することにおいては案外、他者に委ねた方がいいのです。古くから「まな板の鯉」というこどわざがありますが、残念ながら、日本人はまな板に乗ってもいないのに（笑）、「私なんか」と遠慮してしまう人が多いような気がします。

周りの人から「これ、やってみなよ」とすすめられたときは、思いきって流れに乗ってみましょう。そもそも才能や天分は、あなたの所有物ではなく、宇宙全体のエネルギーを上げるために星から与えられたもの。少々厳しい言い方をすると、せっかくすすめられていることがあるにもかかわらず「私なんか」と辞退してしまうことは、あなたが与えてもらった才能や天分への冒流《ぼうとく》と言えるかもしれません。

そのうえ、〝上〟からの声に素直に耳を傾けてみると、実は〝なんか〟ポイントこそ、人生で向き合うべき課題だったり、自分の深部に隠れていた武器だったりするケースがほとんどなのです。

誰しも何かしらの、〝なんか〟ポイントを持っています。

「私〝なんか〟が小説を書いていいのかな」
「私〝なんか〟が起業していいのかな」
「私〝なんか〟が食を語ってもいいのかな」
「私〝なんか〟が教育者になっていいのかな」

……なんか、なんかは、実は「そうなんか！」ポイントでもあるはずなのです（笑）。人生の課題であり武器にもなり得る、あなたの中の〝なんか〟ポイントを探してみてはいかがでしょう。

All the stars are
a-bloom
with flowers.

# 「呼吸するようにできること」を大切に

不要なものを削ぎ落とし、余計な情報をシャットアウトしたら、次はいよいよ「自分のメインコア（＝本領）」を探していく作業に入ります。

「本当にやるべきことは何か？」という問いに答えを出すのは、案外難しいことかもしれません。もっと言うと、実は「自分は何が好きなんだろう？」と考えているうちはまだ少し甘くて、真のメインコアは、もう少し別のところにありそうです。

あなたのメインコアは、おそらく「呼吸するようにできること」の中にあるはずです。それは、気づいたら惹かれているもの、考えていること、勝手に身体が動いていること。もしかしたら意識の上では、必ずしも「好き」に分類されているとは限らないかもしれません。

意識する・しないにかかわらず、やらざるを得ないことが、真のメインコア。無意識に行動していることこそが、本来持って生まれたエネルギーであり、〝上〟から与えられた役目です。

私自身を例に挙げるなら、毎日呼吸をするように星を見ていますし、見聞したことは頼まれなくとも喋りますし、ブログは書くなと言われても書いてしまう（笑）。いわば、「イタリア人からジェスチャーを取るのはムリ！」なのと同様に、メインコアと自分は、完全に一体化しているものなのです。

少し考えてもまったく見当がつかないとしたら、前項でお話しした「エビ天の衣」がまだ厚く付いたままなのかもしれません。余分なものをたくさん抱えている状態なので、もっと削ぎ落としていく必要があるでしょう。

身軽になれたら、自分を振り返ってみましょう。「休みのたびに旅行に行く」「食べ歩きが大好き」「習字をしていると落ち着く」「メイクにだけは手を抜けない」などなど……。メインコアを見つけるヒントは、そんなところにありそうです。

どんな人でも、必ず何か発見できるはず。なぜなら私たちは、この世に生まれた瞬間にプログラムを組まれているのですから。

メインコアと真摯に向き合うことは、「本気で生きる」ということです。

本気で生きようとしたら、他のことなんてやっている暇はありません。元来、本当の領域や領分を発揮することを「本領発揮」と言いますが、あなたはあなたのテリトリーで生きればいいのです。

本領で生きられるようになると、幸せを感じられるのはもちろん、これまで以上に人から応援されるようになり、輝けるようになります。追い風が吹き、営業活動などしなくとも、必要な人は向こうからやって来ますし、自ずとよいご縁も結ばれていくことでしょう。

O holy night!
The stars are
brightly shining,

# 自分の聖剣を探す旅に出る

当たり前のことですが、学校教育の現場では、「小学生vs大学生」という学力バトルは行われません。にもかかわらず、それがいわゆる「大人の社会」に飛び込んだ瞬間、「フライ級vsライト級」の無差別級バトルに強制参加させられてしまう。

そこは、新入社員もベテラン社員も関係ない、問答無用の実力社会。その上、政治力など様々な事情が複雑に絡み合い、試合のリングにすらまともに立たせてもらえなかったり、始めから勝負の結果がわかっているデキレースに向かわされたりすることさえあるのです。

自分が「できる」ことをベースにして人生の駒を進めていると、大抵の場合、どこかの時点で上には上がいることを思い知らされてしまいます。才能の限界を痛感して挫折感を覚えるかもしれません。または、常に人と比較され続けることのストレスでモチベーションを失い、心が折れてしまうかもしれません。

一方、「私はこれが好き」という情熱は相対評価されるものではなく、自分だけが持つことのできる絶対評価です。「誰がなんと言おうと◯◯が好き！」「◯◯をしていると寝食を忘れてしまう」。ある意味、今の時代にそういうことを言える人は、とても幸せなのかもしれません。

ここで一度、星の動きについて言及したいと思います。２０１９年からの7年間は、天王星牡牛座期（P24参照）。この時期は「心地よさ」に対して異常なほど敏感になるため、心地よく感じられないことには手を出さない方がよさそうです。好きなことやワクワクすることを基準に物事を取捨選択していくことが、あなたの武器とも呼ぶべき才能を掘り起こすことに。この7年間でその価値を最大化し、才能を最強の「聖剣」にしていくことは、おそらく、この時代に生きるほとんどすべての人にとっての至上命題と言えるでしょう。

「好きこそものの上手なれ」と言われるように、夢中でやり続けていくうちにとんでもなく上達したり、自己流が優れた個性に昇華することがあります。例え報酬という見返りがなくとも続けられることを持っているのは、それだけで価値があること。そこには、他者との比較も他者から見た自分像にこだわるエゴも存在しないのです。

すでにあなたの周囲には、聖剣を探すためのサポーターが集まってきているのではないでしょうか？　あなたのやるべきことは最強の剣を追い求めることであって、兜《かぶと》や鎧や盾まで作ろうとする必要はありません。ひとりで全部まかなおうとせず、周りの人を頼りながら、自分にしかできないことにひたすら情熱を傾けていきましょう。

何の外的干渉もない世界。そして、その世界の中に生きるあなたと、あなたが夢中になっている何か。それこそ、あなたが今生を渡っていくための聖剣かもしれません。そして、その最強の武器の在り処は、すべての人が持つホロスコープに、しっかりと刻まれているのです。

In one of the stars
I shall be living.
In one of them
I shall be laughing.

# 自分が変化するときのサイン

ここまで、様々な角度から「自分軸の作り方」をお伝えしてきました。

最後は、それらを実践してみたとして、自分が変わる、波動が変わる、そんなターニングポイントに自ら気づくことはできるのだろうか？　という話をしたいと思います。

結論から言うと、自分のターニングポイントに気づくことは可能です。

自分が変わるときには、誰しも何かしらのサインが現れるもの。外見的なものと内面的なものがあるので、それぞれお伝えしていきましょう。

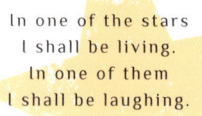

まず、外見的なサインはとてもわかりやすく、服など身につけるものの好みが変わることです。これについては、私の周囲の方や個人鑑定のクライアントの方々を拝見していると、比較的、本人が変化するタイミングとシンクロしていることが多いように感じます。

それはまるで、蝶が「幼虫↓さなぎ↓成虫」と変態していくかのよう。「アクセサリーはつけなくていいかな」とか「このスタイルは飽きたな」とか「無性に髪型を変えたい！」などと感じ始めたら、それはきっと、内なるシグナルが変化の合図を出している証拠。外に見せている顔は、「内なるもの」の象徴で、内と外は常に連動しているのです。

では、その「内なるもの」が入っている身体の内部ではどうでしょう。

自分が変化するときは、体内でも細胞が、内臓が、神経が、メッセージを発しています。
具体的には、２０１７年あたりから、「身体に特定の食べ物や飲み物を入れると、シビアに反応するようになった」という方が増えているのではないでしょうか？「○○が食べられなくなった」「△△ばかり食べたくなる」「□□を食べると肌が荒れる」など、自分の本領に従って生き始めている身体は、合わないものを摂取しようとすると、かなり強めに声を上げるかもしれません。

実際に、私自身も２０１７年頃から変調が出始めたので、今は「これを食べると、こういう反応が出るのか……」と、メモを取りながら食の好みの移り変わりを観察しています。ぜひみなさんも、自分自身の「内なるもの」に耳を澄ませてみて下さい。

本当は生活スタイルを変えたくなっていたり、食べ物の好みに変化を感じたりしていませんか……？

もしも何かしらの変化が現れ始めているとしたら、それはきっと、「もう次のステージに一歩踏み出しているよ」という進化のサインに間違いありません。

# CHAPTER 2 星座しらべ

時代の大きな節目を迎えている今、他人の価値観に振り回されない自分軸を持つことがいかに重要か。
自分軸を探すための羅針盤となる「星読み（＝占星術）」についてお話ししていきます。

# まずは太陽星座で自分のメインコアを知る

各々が持って生まれた星の配置は、実に様々なことを教えてくれます。なかでも最初は、自分の人生におけるメインコア（＝本領）を指し示す「太陽星座」からご説明したいと思います。

太陽星座とは、みなさんが雑誌の巻末などにある占いを見る際に、「私は○○座」と理解している星座のこと。最近は、月や金星など太陽以外の星座がクローズアップされることも増えましたが、私の見解では、自分の核となるものを表すのは、やはり太陽星座。太陽は、月との相対関係で語られることの多い天体ですが、満ち欠けがあり存在自体が揺らぎ続ける月に対して、常時エネルギーを発しているもの。生きる上で、いかなるときも基軸にすべき天体です。

太陽星座は、自分の本質を知るために不可欠なもの。生活環境を決めるにも、仕事を決めるにも、すべてに自ずと適用されていくはずです。

同じ職業を選んだ場合でも、星座が違えば目指す方向が変わってきます。医師は医師でも、困っている人の役に立ちたいという人もいれば、賞を獲ることに命を燃やす研究者のような人もいるでしょう。なかには、家業だから医者を志したと言う人もいるかもしれません。

つまり、太陽星座は人生の志向性を表すもの。それを知らずに生きようとすることは、行きたい方向がわからないのに航路に出るようなもので、きっと迷子になってしまいます。

料理に例えても同じです。「サーモンのなんやらソース掛け」というメニューがあったら、ソースは醤油に何かをミックスしてもいいし、いろいろと美味しく食べられるレシピはあるでしょう。ただ、サーモンというメイン具材は欠かすことができません。レストランで出すにも、ソースだけでは数百円しか頂けませんが、「サーモンのなんやらソース掛け」になれば2000円の値をつけることができます。メイン具材があれば、自分をバリューアップすることもできる。そして、自分にとってのメイン具材がサーモンなのか鶏肉なのかを調べられるのが、「太陽星座」なのです。

太陽星座の在り処を知れば、人生の攻略法の50％はわかったと言えるかもしれません。サーモンや鶏肉を使うと決めたら、あとは数多あるレシピから、自分の好みに近いものを取り入れるだけ。自分探しの第一歩としてマストなのは、メイン具材を知ることなんです。

最近、占星術界隈では月星座が注目されていますが、私は、月星座に比べて太陽星座の方が納得しづらいのではないかと考えています。呼吸するようにできてしまうことは、自分の意識に上ってきにくいからです。

片や、月には満ち欠けがあるため、欠けている間はそれを埋めたい気持ちが働き、そのことを強く欲する状態になります。つまり、自覚しやすくわかりやすいので、それが、月星座が人を惹きつける理由なのでしょう。

それをトラップと言うつもりはありません。欠乏感のある心を満たすことは必要であり、月星座を取り入れること自体はよいこと。ただ、あくまでも主軸は太陽星座にあるということを忘れないで欲しいのです。

自分の太陽星座にピンと来ない人も、「なぜかこれが気になる」「なぜかここに行きたくなる」というような、引っ掛かるところや選びがちなことを振り返ってみると、納得できるポイントを見出せるはずです。

次ページから、自分の太陽星座を見直していきましょう。

# ARIES

DATE 3.21~4.19

# 牡羊座

何事もいちばん初めにやりたがるスピードマスター。クオリティの高さよりも、「誰もやっていないこと」「最先端のこと」に強いこだわりを示します。火星が守護星なので、基本姿勢はエネルギッシュでアグレッシブ。短気な上に、筋が通っていないことは許せない熱血漢タイプでもあります。身体を動かすのが好きで、深く考える前に行動してしまうところも。転倒や、飛び出し事故に注意しましょう。じっとしていられない性分のため、周囲のペースに合わせるのは苦手。自分至上主義ですが、エゴイスティックというより、単に空気が読めないタイプ。人と足並みを揃えるのが不得手な代わりに、カットインするのはお手のもの。オフェンスには秀でているので、短期決戦型のアスリートになると頭角を現しそうです。待ち合わせの時間に1分でも遅れた場合に、間髪を容れずに連絡してくるのは、牡羊座の人たち。せっかちで待っていられません。停滞感を感じたときは、人の歩幅に合わせるようにしたり、美しいものに触れると、意外な突破口が見えてくるでしょう。

Main Color
赤 . ピンク . ベージュ

Lucky Food
唐辛子 . ネギ

TAURUS

# 牡牛座

Main Color
**ゴールド・白・茶色**

Lucky Food
**果物・良質な肉**

DATE 4.20~5.20

美と快楽の星である金星を守護星に持つ牡牛座は、五感に優れ、美的感覚に恵まれています。快楽主義で欲望には忠実。凝り性なので、ファッション中毒者やグルメなふくよかさんなど、とことん極めてしまうことも。怠惰に陥りやすいところがありますが、美意識は人一倍。そのため、万年ダイエッターも少なくないのですが、ハードな筋トレは続かなそうです。「ながら運動」を習慣にしたり、甘味は厳選したものだけを食べるように心掛けて。また、好きなものへのこだわりの強さは、衣食住の要素を固定化してしまうことも。偏り過ぎると身体にエラーが出たり、人生そのものを硬直させてしまうので、適度に運動をしたりトレンドを感じる場所に出掛けたりして調整しましょう。基本的に物質主義で、価値を物ではかるところが。無意識に「あの人はいい時計をつけているから」「いいところに住んでいるから」といった評価の仕方をしているかも。ブランド志向ですが、高級品を追求する中で真贋を見極める目は養われます。物への執着が強いぶん、気に入った物を長く愛用するでしょう。

GEMINI

# 双子座

DATE 5.21~6.20

知性を司る水星を守護星に持つ双子座は、コミュニケーションの星とも呼ばれ、対話やIT、デジタル系が金脈。どんな人とも話を合わせられる反面、距離が近過ぎるのは苦手で「広く浅く」が担当分野。「手先」もキーワードで、ネイリストやセラピスト、職人など、手を器用に使う仕事に就く人も多いでしょう。また、国内旅行などふらりと自由に出掛けるのが大好き。逆に、1日中ネット環境のないところに閉じ込められるなど、外部との接触を絶たれると、息が詰まります。好奇心旺盛なので、ルーティンワークも不向き。多くの人と会い、喋りながらできる仕事など、刺激の絶えない毎日が性に合っています。そんな双子座の弱点は、物事を追究しきれないところ。いわゆるアイドル的な女子アナのようにソツなくこなすことは得意でも、ジャーナリストや研究者のように深堀りするには持久力が足りないよう。反射神経とセンスを生かした軽やかなコミュニケーションが、双子座の真骨頂。重たい豪速球は投げられない代わりに、鋭角なストレートを飛ばして、世の中を渡り歩きます。

Main Color

青．緑．シルバー

Lucky Food

ミント．豆類

# CANCER

# 蟹座

Main Color
**コーラル・ベージュ・パールホワイト**

Lucky Food
**貝・甲殻類・牛乳**

DATE 6.21~7.22

母性を表す月を守護星とする蟹座は、「おかん力」を備えた星座。そのパワーは、家族はもちろん、同僚や友人など、あらゆる仲間に対して発動されます。どんな場合も世話役をやらせたら最強で、徹底して身内を守り、ひと肌もふた肌も脱いであげようとする親分気質。特に蟹座は感情軸を担当。悩みを聞くなどして、温かく包み込む情の深さがあるでしょう。また、牡牛座同様、食を司る星座でもありますが、グルメというより、みんなに食べさせてあげたいタイプ。ミシュラン3つ星よりもほっこりとした家庭料理を好む、台所の番人。さらに、自らのホームを持ち、テリトリーに引き込むことで真価を発揮できるところがあるため、アウェイに出掛けて行く仕事よりも、自分の店やサロン、会社を持つのがおすすめ。ただし、抱え込みやすい傾向があるので、常にデトックスを意識して。たまに海外に行くなど、異文化や異分野に触れると、攻守のバランスが磨かれそうです。過干渉や共依存にも要注意。少しドライと感じるくらいの距離感を保つ方が、周囲と調和しやすいでしょう。

LEO

# 獅子座

Main Color
ゴールド .黄色 .キャメル

Lucky Food
オリーブオイル .はちみつ

DATE 7.23~8.22

一般的に「王様気質」と言われる獅子座ですが、私の見方は少々異なります。獅子座って、〝チヤホヤされて、成功してズルイ〟という周囲の印象とは裏腹に、実は生粋のリーダーだからこその悲哀がある星座。生まれながらに「リーダーシップを取らなくては」という責任感を背負い、王様を演じています。例えるなら、皇室に生まれたようなもので、己の宿命を、自分を騙してでも演じられる人たち。周囲のために自分を犠牲に頑張ろうとするからこそ、それと引き換えに、王を演じられるだけのスペックを与えられているのです。守護星である太陽のごとく、どこにいても目立ってしまうタイプ。何もしていないのに生意気と言われてしまうなど、勘違いされることも少なくないはず。ときには『ローマの休日』のアン王女のように、街に繰り出してガス抜きすることが不可欠。ストレスが溜まったら、王道以外のことや奇抜なことに手を出してみるといいでしょう。相性占いでは、「獅子座と最も相性がいいのは獅子座」という通説があるほど。王様の理解者は同じ王様ということなのかも。

# VIRGO

# 乙女座

DATE 8.23~9.22

乙女座と言えば、責任感が強い、完璧主義、頑固、潔癖、保守的など、占星術をかじったことのある人ほど、ドライで手厳しい星座と論じがち。でも、私に言わせるとそれは少々勘違いで、乙女座は鉄の人なのではなく、並外れてピュアなだけ。知性を司る守護星、水星の影響は、世の中への高い理想や高尚なフィロソフィーに現れています。また、社会というフレームの中で理想の生き方をしたいという気持ちが強いため、肩書きや資格を持った方が動きやすいと考える傾向も。ルールを重んじる職業、弁護士などの士業に就く人も多いでしょう。性善説を信じて疑わない、男女問わず乙女のようなマインドを備えているからこそ、それに反するものには、「もっとこうあるべきでは？」と厳しく問い詰めてしまうのです。望む世界を創るためなら、努力を惜しまず勤勉に働く。どこまでもストイックなタイプですが、だからこそリラックスできる時間が必要。頭が強張ってしまったときは、芸術に触れたり、水辺を訪れたり、宇宙やスピリチュアルなものに想いを馳せると、新たな扉が開きそう。

Main Color

モノトーン．シルバー．メタリックカラー

Lucky Food

根菜類．ハーブ

LIBRA

# 天秤座

DATE 9.23~10.22

## 金

星を守護星に持つ天秤座は、まさにキラキラ星人。ファッション、流行のアンテナはピカイチで、流行りそうなものにいち早く目をつけます。自分らしさとのミックス具合も秀逸で、尖り過ぎることなく0.5歩先を行けるタイプ。何事もいい塩梅に落とし込めるバランス感覚の持ち主ですが、深く探究することは苦手。ときにはあえて厳しい環境に身を置くと、心身ともに成長し、言動に説得力が出てくるでしょう。また、旧友や同僚、ご近所さんなど、どのクラスターの人とも薄皮一枚を残したつき合いができる八方美人。敵を作らない代わりに、どこにもどっぷりハマれず、孤独を感じてしまうこともありそうです。泥臭いことや強い自己主張は大の苦手。ミーハーキングで、人から見られることを常に意識しているため、ビジュアル的にイケている人は多いでしょう。カルチャーや美的なものにも縁があり、デザイナーやイラストレーターとして花開く人も。難解なことにキラキラの魔法をかけて、やさしく楽しく表現できる名人。万人に受け入れやすくアレンジして、広く浸透させる役割を担います。

Main Color

白 グレー シャンパンゴールド

Lucky Food

チョコレート 果物（ベリー・チェリー系）

## SCORPIO

# 蠍座

Main Color
深紅・パープル・オレンジ

Lucky Food
味噌・にんにく

DATE 10.23~11.21

「秘匿」がキーワードで、秘めごとを抱えがちですが、他人の心の闇までも受け止められる懐の深さがあります。性や暴力を始めとする、きれいごとだけでは済まされないこの世のダークサイド。それらを担当するのが蠍座です。破壊と再生を象徴する冥王星が守護星なので、人生で大きな浮き沈みを経験する人も少なくないでしょう。また、ソウルメイトなど運命的なつながりを大事にし、誰かの精神的な支柱になりたいという欲求が生きる糧となる場合も。ただし、自分の存在価値を「あの人には私が必要だから」と、他者を軸に判断する癖はやめること。自分だけが相手を理解してあげられるといった押し付けも、相手を遠ざける原因になります。さらに、色気や魔性といった人外の魅力も、蠍座ならではの特性。霊性や心、癒やし担当でもあるので、脱サラをして仏門に入ったり、アーユルヴェーダのセラピストなどオルタナティブな癒やしの道に進むケースも。毒舌を吐くことで受け取り手の溜飲を下げるのも得意。気が滞ってきたと感じたら、自分に贅沢を許して解消しましょう。

SAGITTARIUS

# 射手座

DATE 11.22~12.21

拡大と発展の星、木星を守護星とする射手座は、領土をどんどん拡大し、従来の常識を超えるパラダイムシフトを起こしていく星座。果敢に新しい挑戦をして限界を超えていきますが、冒険家ゆえ、先に行き過ぎて、気づいたときには周囲に誰もいなかったなんていうパターンも。さらに、何かにハマり過ぎると周りが見えなくなり、一気に社会生活不適合者になってしまう傾向があります。ただし、その突き抜けた気質がノーベル賞級の成果をもたらす場合もあるので、世話を焼いてくれる人との補完関係が築けると、成功を得やすいでしょう。知的で好奇心旺盛。概ね人生に失敗することはなさそうですが、自分の信じる思想に妄信的になり過ぎると、人にも押し付け始める傾向があります。伝えることや教えることも向いているので、報道や放送、教師などは適職。海外旅行の他、スキューバダイビングやゴルフ、登山などのスポーツがエネルギーチャージに効果的。また、射手座のクライアントには共通の口癖があって、それが「どうせなら」。何でも拡大したくなってしまうようです。

Main Color

青 . 白 . シルバー

Lucky Food

セロリ . 柑橘類

CAPRICORN

# 山羊座

Main Color

黒・紺・ダークブラウン

Lucky Food

きのこ・山菜・パスタ

DATE 12.22~1.19

「社会」という視点が基盤になっている、山羊座。「社会的にどう見られるか？」や「社会に貢献しているか？」を常に重視します。また、結果を重んじるため、目標達成願望は最強レベル。目立つことよりも実権を握ることを望むので、ビジネスや政界での成功を求めるでしょう。ときに、結果を求め過ぎて、感情面など人間らしい部分をないがしろにしてしまうことも。成功や大義のためなら、多少の犠牲は厭わないという思想に走ってしまう人もいそう。勝ち得たものを死守するために働き詰めになる傾向もあるため、時々立ち止まり、家族や健康、時間などについて見直す時間が必要です。幼少期の苦労が多いのも、山羊座によく見られる共通点。家の経済状況や両親の離婚など苦労の種類は様々ですが、それは社会で活躍するためのパワーバランスを学ばされているのかも。守護星である土星は粘着性質も表すため、一度ハマるととことん熱中し、結果的に名をなすことが。物事を表現する際は皮肉を込めたアウトプットを好み、世の中に独特のマーキングを残すのが得意です。

AQUARIUS

# 水瓶座

Main Color
青．グレー．蛍光色

Lucky Food
ルッコラ．ドライフルーツ

DATE 1.20~2.18

守護星は、革命の星・天王星。水瓶座は天才輩出率が最も高い星座ですが、周囲から理解されにくい宿命が。時代を先取りしてしまうがゆえに、どうしても周りから浮いてしまうのです。車で例えるなら、最先端の動力系を持つ自動車Aが、昔ながらの自動車Bに「早くAになればいいのに」と言っても、旧時代の方法に縛られたBにはなかなか通じないようなもの。さらに、素晴らしいアイデアも、権力者から弾かれてしまうと発揮しようがありません。拗ねた水瓶座は、ヤケになってしまうことも。天才力の生かし方が肝心です。思えば、モーツァルトやエジソンも、父や母が認めてくれたからこそ大成できたという面も。水瓶座の発想は常軌を逸するほど革新的なため、わかりやすく咀嚼して表現するか、社会との橋渡しをしてくれる理解者を得ることが不可欠です。インターネットとの相性がいいので、インフルエンサーとなるケースも多いでしょう。常に既成概念を疑う姿勢があるので気難しい人と思われがちですが、それは革新を起こそうというマインドの表れとも言えます。

# PISCES

# 魚座

DATE 2.19~3.20

2匹の魚をシンボルとする魚座は、半分この世ではないところとつながっている感じがあります。ひとりの人間の中にふたつのペルソナがあり、それぞれ意識と無意識につながっている感覚。そして、無意識や宇宙とつながっている方が、目に見えないいろいろなものをダウンロードしてくるのです。魚座には清濁併せ呑む懐の深さがありますが、それは母性というよりも宇宙的な包容力。また、海王星を守護星に持つ魚座は境界線をぼかす力を備え、共感力や協調性に優れているのも特徴的。「気」と融合して波長や波動を伝えられるため、霊的なことや芸術方面で力を発揮します。同調力の高さは、癒やし系のセラピストやメッセンジャー、アーティストとしても活躍できますが、同調する対象を間違えると身を滅ぼすことに。また、相手から重荷と思われ拒否されてしまう場合もあるので、常に自分を俯瞰して見る習慣をつけるといいでしょう。社会的なルールや常識には縛られないため、職業年齢不詳といった不思議な空気感の人も。さらに、世の中の意識レベルを上げたり、覚醒を促す役割を担います。

Main Color
白・水色・ブルーグリーン

Lucky Food
ゼリー・魚

COLUMN

# 境界線生まれの調べ方

日頃からよく頂く質問に、

「○座と○座の境界線の生まれですが、私はどちらの星座ですか？」

というものがあります。

これを解決するベストな方法は、生年月日と出生時間を使って自分のホロスコープを出してみること。チャート上で、「太陽＝○○座」と書かれているところが、自分のメインコアである太陽星座です。もしも出生時間がわからなければ、「正午」で出して頂くといいでしょう。

ところで、正しい星座が判明したら、隣り合っていたもう一方の星座は、もうまったく関係がないのかというと、決してそんなことはありません。境界線生まれは、専門用語で「カスプ生まれ」と言い、次の星座へバトンが渡される日の±2日ぐらい（占術師によっては、3日くらいと言う方もいます）をそう呼んでいます。

そして、前後の星座が持つ性質は、境界線をまたぐことでガラッと一変するのかというと、これも答えは否。そこはやはり、徐々にスライドしていくものなのです。

例えば、芸人であり、映画監督でもある北野武さんは、1月18日生まれで山羊座～水瓶座のカスプ生まれ。山羊座の「頂点を取る」「極端さ」という性質と、水瓶座の「革新性」「新たな領域を切り拓く」「多彩さ」「天才性」といったところをうまく併せ持ち、まさに両方の特性をひとつのパッケージに共存させています。

このように、カスプ生まれの人は、普通の人がひとつしか持ち得ない畑をふたつ持っているイメージ。

ただ、ふたつあるということは、栄養剤投与も草抜きも収穫のタイミングも、すべて2回ずつ必要なので、当然、手間も2倍！　その代わり、頑張れば頑張ったぶんのご褒美が用意されるため、見方によっては、得な生まれと言えそうです。

また、カスプ生まれの人は、「人生がどこかでガラッと切り替わる」ような体験をするケースも。そんなときは、開き直って華麗に転身したり、大胆に化けたりしてみましょう。人生をドラマや舞台と捉え、愉快痛快に人生行路を進めると、多彩な花を咲かせることができるでしょう。

実際に波乱万丈な人生を送る人も多いのですが、そのぶん、やりきったときの達成感や前人未到のことをできそうなときに感じるやり甲斐は、並々ならぬものがあるはず。

ぜひ、前後両方の星座を見て、どちらも生かしきる人生に挑戦してみては？

CHAPTER 3

# 星が導く
## 自分の在るべき場所

生まれた日時や場所によって導き出される、ホロスコープ。
ホロスコープは、その人の在るべき姿を教えてくれます。
まずは自分でホロスコープを読み、これから進むべき道を探っていきましょう。

yuji's ASTROLOGY ESSAY

# ホロスコープは人生の巡礼地図

太陽を含む10個の天体を使って、人生をより詳しく読み解こうとするときに用いられるのが、「ホロスコープ」。例えて言うなら、ホロスコープは「自分がこの世に生まれた瞬間に、空に浮かんでいた天体のスクリーンショット」。そして、そのエネルギーを真正面から受け、転写された存在が、他でもない自分です。

人生とは、しばしば「自分探しの旅路」のように言われますが、自分について知ることほど難しいお題はありません。ところが、ホロスコープには、自分の特性も、落とし穴も、成功の仕方も、好きなことも、「まさか、そんなことが起こるとは！」というポイントまですべて写し出されていて、それはあたかも「終わりなき自分クエストの巡礼地図」。

ホロスコープで使う天体は10個あり、水星、金星、火星……など、それぞれの天体ごとに大きな特徴があります。その10個の天体が、どの星座やハウス（ハウスについてはP112～を参照）に入っているか、その配置を調べれば、「伝統的なものが好き」「人に伝えることが得意」「メディア関係でブレイクしそう」……などなど、いくつものキーセンテンスが出てきます。

そして、それらをひとつのストーリーに仕立ててみると、「古典的なものを扱うメディアの編集者やライターに向いているかも」というように、今世の自分のあるべき像が輪郭を現してくるのです。

手始めに、ホロスコープを使った最も簡単な自分軸の見つけ方をご紹介します。

まず、インターネット上の無料サイトで自分のホロスコープを出してみましょう。一目で天体が集中しているエリアがわかると思いますが、そこが「自分の土台となる特性」、または「基本テイスト」。

例えば、10個の天体のうち「ふたつが射手座、ひとつが水瓶座」に入っていた場合、「射手座の冒険心や境界線を越える力に、水瓶座のオリジナリティや革新性を掛け合わせると、人生を切り拓いていけそう」と考えます。具体的には、「新しい領域を切り拓く発明家や研究者、または個性的なファンタジー作家が適職かも？」と見えてくるのです。

私が個人鑑定をする際も、最初は天体が集中している星座やハウスに着目します。例えるなら、目の前にいる方の「料理のベース」が、イタリアンなのかフレンチなのか、はたまた中華なのか。そこが掴めると、その人の持っている武器やエネルギーの在り処がわかり、人生のストーリーを組み立てやすくなるのです。

ちなみに、「ひとつの星座にいくつの天体が入っていれば注目に値するか？」という目安はこちら。

5個：「星座そのもの！」と言っていいレベル
4個：「星座のパワーを使わないと、人生しんどいかも……」レベル
3個：「日常生活の中に星座の気質がかなり出ていますね!?」レベル
2個：「特技や長所に星座の特性が現れていますね！」レベル

まずはこちらを参考に、ご自身のホロスコープを確認するところから始めてみましょう。

# ホロスコープの見方

ここでは、例を挙げてホロスコープの見方を解説します。
本書内でも例としてたびたび出てくるので、参考にして下さい。

1971年6月25日 20:30
東京都生まれの
Aさんの場合

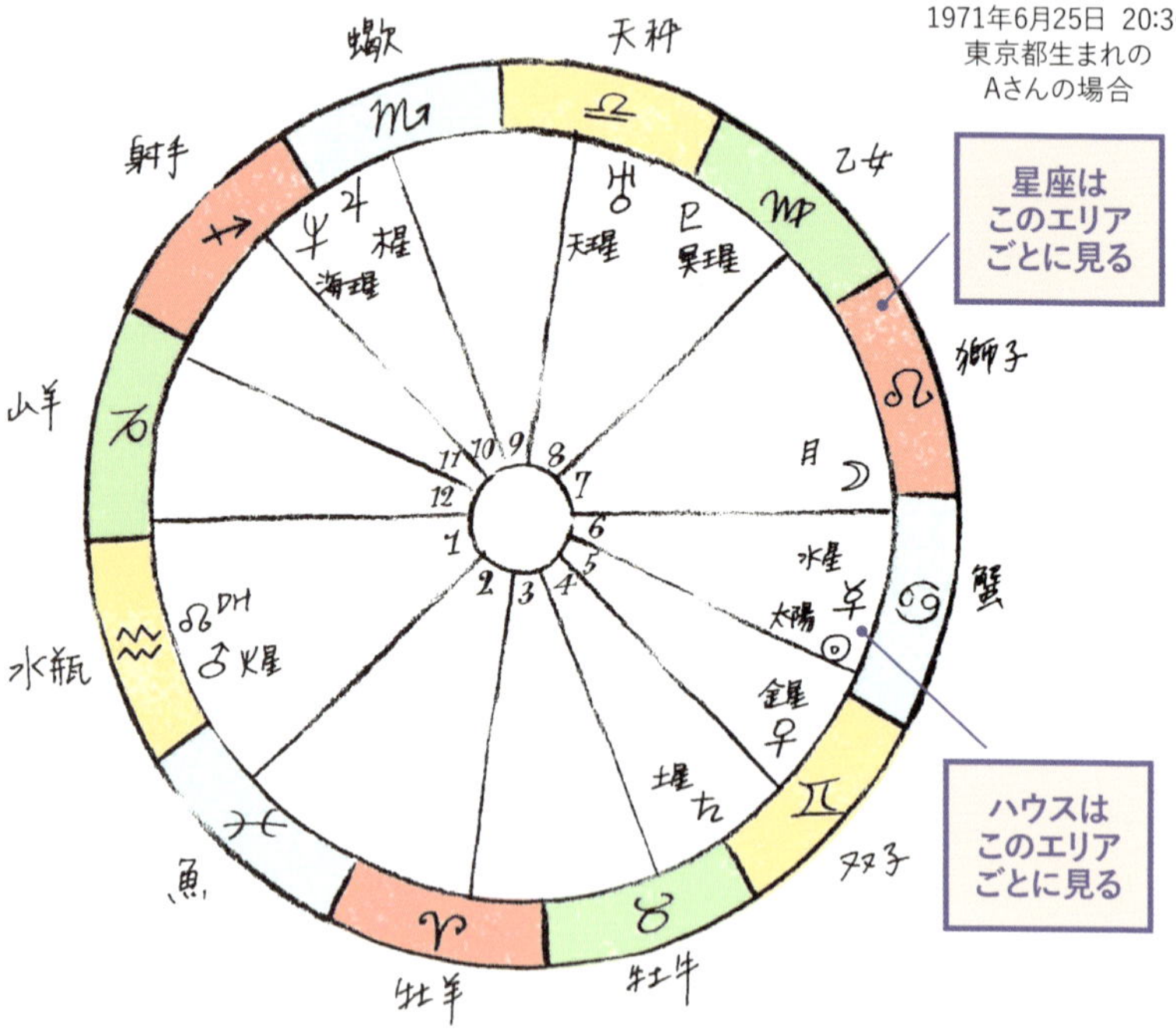


## ホロスコープはインターネットで…

自分のホロスコープは、インターネットの無料サイトで調べることが可能です。生年月日を入力するだけで、各天体がどの星座に入っているかを知ることができます。さらに、出生時間と生まれた地域がわかれば、より詳しくハウスの位置まで調べられます。海外生まれの方は、現地の出生時間でホロスコープを出しましょう。

参考サイトはこちら：www.astro.com

## 星座の中にある天体

| | | | |
|---|---|---|---|
| ☉ 太陽 | » 蟹座 | ♄ 土星 | » 双子座 |
| ☽ 月 | » 獅子座 | ♅ 天王星 | » 天秤座 |
| ☿ 水星 | » 蟹座 | ♆ 海王星 | » 射手座 |
| ♀ 金星 | » 双子座 | ♇ 冥王星 | » 乙女座 |
| ♂ 火星 | » 水瓶座 | ☊ DH | » 水瓶座 |
| ♃ 木星 | » 蠍座 | | |

A さんの場合、蟹座に太陽と水星が入り、
獅子座に月が入っていると読み解きます。

## ハウス（今回の人生で関わっていく領域）

出生時間と生まれた地域までわかる場合は、ハウスも調べられます。ハウスの詳しい解説は Chapter4（P112 〜）で。

| | | | |
|---|---|---|---|
| 第1ハウス | » 火星 | 第7ハウス | » 月 |
| 第2ハウス | » なし | 第8ハウス | » 天王星、冥王星 |
| 第3ハウス | » なし | 第9ハウス | » なし |
| 第4ハウス | » 土星 | 第10ハウス | » 木星、海王星 |
| 第5ハウス | » 金星 | 第11ハウス | » なし |
| 第6ハウス | » 太陽、水星 | 第12ハウス | » なし |

## 太陽

人生における「自分のメインコア（本領）」。生涯変わることのない強力なエネルギーを発し、パワーの源泉や不動のマイスタイル、社会の中で目指したいゴールや潜在意識のフォーカスポイントなどを表している。

## 水星

知性を司る星。思考や価値観に紐付き、「自分がどんな思考パターンで世の中を見ているか」を表す。社会に溢れる情報の中で、自分が何に着目し、どんなアプローチやリアクションを取るかを示している。

## 火星

「情熱の向かう先」や「人生の武器」、「社会貢献できるポイント」を示す。ただし、エネルギーが過剰になると暴走したり、落とし穴にハマりやすいので注意。活力源となる食材やイライラポイントも読み解ける。

## 地球

Is here!

## 月

太陽の光を反射して輝く月は、「もうひとりの自分」。満ち欠けを持ち、揺らぎ続けるからこそ、ときに、その性質を強烈に求めたくなり、それを得ることで癒やされもする。

## 金星

好きなこと、惹かれるもの、楽しいこと、嬉しいことといった「プレジャーポイント」を表現する。ただし、理屈で惹きつけられることではなく、感性に呼ばれるところ。感覚やエモーション（感情）に紐付いている。

## 木星

俗にラッキースターと呼ばれるが、私は「拡大・発展の星」という点にフォーカス。嬉しいことも試練も２倍に。また、好き嫌いに関わりなく、大きな努力をせずとも得意なことや、周囲から評価されるポイントを表す。

## 土星

試練の星。目を背けたい苦手ポイントとして認識する場合が多いが、努力をして乗り越えた暁には、血肉となり、揺るぎない最強の武器となる。または、その領域を起点に人生のドラマがスタートするところ。

## 冥王星

「破壊と再生」を司る「極」の星。冥王星の力は、命の限りを尽くした瞬間に現れる底力。それを得るには、どん底を味わう必要があるが、一度そのモードに入ると、普段は制限されている人間本来の力が拓かれていく。

## 天王星

人生に起こる「まさか！」のポイントを司る、「革命」の星。それまでの生き方や世の中の概念を覆す、大きな力を持つ。通常、人の成長には限界があると思いがちだが、天王星をうまく使えば、無限に伸びていける。

## 海王星

「幻」の星と称される理由は、「境界線をぼかすパワー」があるから。その懐の深さゆえ、変幻自在で何にでもなれる最高のフレキシビリティを持つ。海王星が配置された星座やハウスには、無限の可能性が与えられている。

# yuji的成功の法則

ここでは、水星と木星、感受点と呼ばれる
DH《ドラゴンヘッド》がある星座にフォーカス。
「現世での成功」から「魂のレベルアップ」にまで
到達するための極意をご紹介していきます。

Mercury

## 水星 ×

あなたに備わる「スペック」や「才能」を表すのが水星。世の中のあらゆる事象に対して、どこに反応し、どんな行動を取る傾向があるかを知ることで、自分らしく社会に貢献するためのアプローチ方法が明らかに。

## する領域」

# 木星 Jupiter

「そこに立つと自動的に追い風が吹く」ような、あなたのサクセスポイント。自分の特性を最大限に生かせる狩場（またはフィールド）。大いに活躍し、世の中の役に立てる分野や業界がわかる。

## 成功

# DH ドラゴンヘッド

DHが示すのは、あなたが立ち向かうべき「人生のミッション」。摩擦係数が大きいため、苦手分野と認識している場合がほとんど。しかし、乗り越えた先には、現世の成功の上にある「魂のレベルアップ」が待っているはず。

## 魂のレベルアップ

# 水星

自分の持つ「スペック」や「才能」を表す水星。世の中で起こる物事について、自分はどう考え、どう反応するかを知ることができます。自分らしい社会への貢献の仕方を掴むために、あなたの水星が何座に入っているか調べてみましょう。

## 牡羊座 ARIES

最新のものに向かって一直線！ 短距離走者型でスピーディにこなし、物事に勢いをもたらすスペック。

★ 一番を目指し、行動が早い
★ 攻撃力がある
★ 個人主義
★ 運転好き
★ 身体を動かすのが得意

## 牡牛座 TAURUS

こだわりや美意識の高さが武器。優れた審美眼、真贋を見抜く目、鋭敏な味覚を持ち、付加価値の高いもの、美しいものを認めたり、世に生み出すスペック。

★ 本物志向の目利き力
★ 物質主義
★ こだわりが強い
★ 美的感覚に優れ、五感が鋭い
★ コレクション能力が高い

## 双子座 GEMINI

軽やかなコミュニケーションが特徴で、敵を作りにくい。対話の中からキラリと光るものを見出し、世に広めていく。情報収集力に優れ、言葉の使い手として輝くスペック。

★ 情報に敏感で、拡散力がある
★ コミュニケーション能力が高い
★ 手先が器用
★ フットワークが軽い
★ 反射神経がいい

ex)
P86のAさんの場合、水星が蟹座なので、
人の心に働きかけるのを
得意とすることがわかります。



## 蟹座 CANCER

仲間想いの癒やし人。人の心に働きかけるような仕組み・場所の創出に適性があり、エモーショナルなことの演出を得意とするスペック。

★ 人材育成が得意で、世話役向き
★ 自己防御力が高い
★ コミュニティ作りが得意
★ ホームを作ることで力を発揮
★ 食に敏感

## 獅子座 LEO

生まれながらのエンターテイナー。楽しいことが大好きで、何にでも楽しみを見つけることが得意。愛嬌があるので、その場の華になれるスペック。

★ リーダー気質
★ 存在感がある
★ 華やかなムードを持つ
★ 人を楽しませるのが得意
★ 楽しみ最優先

## 乙女座 VIRGO

比類なき分析力を武器にして、物事を整理することができる。直すこと・正すことが得意。また、舞台や仕組みを作り上げることが得意なスペック。

★ 分析好き
★ 徹底的なチェック力
★ 責任感が強い
★ 真面目で勤勉
★ 理想が高く、ストイック

水星

## 天秤座 LIBRA

そつのないコミュニケーション能力と、フラットな判断ができることが強み。人や物の“いいところ”を見抜くのがうまく、成功のはしごをかけてあげられるスペック。

★ 社交性が高い
★ 美的センスがあり、流行に敏感
★ 難解なことをわかりやすくする
★ バランス感覚に優れている
★ 要領がいい

## 蠍座 SCORPIO

人が目を逸らしがちなことや、人の心の領域に深い理解を示し、心、性愛、精神、運命、霊魂を学んでいく。人間界のマイナーな面に触れることの多い、世界のB面に携わるスペック。

★ マイナーなものに惹かれる
★ 懐が深く、口が堅い
★ 人を癒やす能力
★ 色気がある
★ “毒”が魅力となる

## 射手座 SAGITTARIUS

新しい発見や冒険に対するワクワクが行動原理。常に冒険の種を探していて、高尚な世界観（学問・宗教・研究など）に没頭できる、“世界の輪郭を広げていく”スペック。

★ 学究肌で冒険心がある
★ 領土・領域を広げるのが得意
★ 限界を超えていく
★ アカデミックな志向性
★ 報道力

## 山羊座 CAPRICORN

社会的な正義や倫理観にのっとって、ジャッジを下すことができる。長い時間をかけて、未来永劫残るものを構築していくことを目指す。全体性を見つめて何かを作り上げるスペック。

★ ルール作りがうまい
★ 影響力がある
★ 老成している
★ 努力家で精力的
★ シニカルな表現力

## 水瓶座 AQUARIUS

改革・改善を目指す、生まれながらのコンサルタント。道徳的、持続可能といった観点を生まれながらに持っている。改善点を見つけるのがうまく、博愛主義的に生きるスペック。

★ 革命を起こす
★ 頭の回転が速い
★ 発想力が豊か
★ 物事を疑問視する力
★ ITと相性がいい

## 魚座 PISCES

共感力や優しさ、包容力が武器。普通なら調和できないもの同士をつなぎ合わせる力、リミックス力を持つ。一風変わったものを自分というフィルターを通して世に生み出すスペック。

★ 人を癒やす能力
★ 共感力が高い
★ 自由人
★ 清濁併せ呑む懐の深さ
★ 境界線をぼかす

# 木星

木星の入っている星座が教えてくれるのは、自分の特性を最大限に生かせるフィールド。また、大きな努力をせずとも得意なことや、周囲から評価されるポイント。大いに活躍し、成功を収めることができる分野がわかります。

## 牡羊座 ARIES

プロスポーツや格闘技などの、体を動かすこと。または時代の最先端と言われるような業界、最新の物を扱うフィールド。

★ 営業職
★ 最先端のことに関わる
★ パイオニア
★ ドライバー
★ アスリート（個人競技）

## 牡牛座 TAURUS

美しいもの・高額商品などの高付加価値商品に関わること。また富裕層を相手にしたビジネスや限定商品、宝石、芸術などに関係するフィールド。

★ ファッション業界
★ ラグジュアリーな場所
★ グルメな飲食関係
★ アンティークや美術関連
★ 香水、香り関係

## 双子座 GEMINI

対話・言葉・情報が鍵なので、常に様々な人と接する場所、対人接客業。トレンドやマッサージ、IT、メディアといったフィールド。

★ 出版・放送業界
★ プロデューサー
★ IT関連
★ セラピストやネイリスト
★ アナウンサー

ex)
P86のAさんの場合、木星が蠍座なので、
心の奥にある部分のケアで
活躍できることがわかります。



## 蟹座 CANCER

心や体が癒やされる場所（リアル・デジタルともに）にまつわること。食事・癒やし・心に関係するエモーショナルなフィールド。

★ ホームを持つ（サロン、会社）
★ 飲食関係
★ 世話役
★ 家庭を守る主婦や主夫
★ 看護師や介護士

## 獅子座 LEO

笑いや涙を創出するエンターテインメントや芸術、人に感動を与えるようなこと。人の世に彩りをもたらすようなフィールド。

★ 芸能関係
★ 人前に立つ仕事
★ 経営者
★ 個人事業主
★ 花や美容関係の仕事

## 乙女座 VIRGO

下準備・段取りといった“何かを成功させるための地盤”に関わること。鉄道や空港、電気関係などのインフラ、基礎研究や設計など、細やかさが要求されるフィールド。

★ 研究員
★ 公務員
★ 医療関係
★ 士業（弁護士、税理士など）
★ 職人

# 木星

## 天秤座 LIBRA

カルチャーの創出や、人生で得た感動を表現したり、見聞きしたものを世界に拡散すること。ファッション・トレンドにまつわる分野や、キラキラしたもの・文化的要素が高いフィールド。

- ★ ファッション業界
- ★ デザイン業界
- ★ モデル
- ★ 出版・放送業界
- ★ 広報・宣伝

## 蠍座 SCORPIO

セラピストやヒーラー、占い師といった、心の最奥にある柔らかい部分をケアしたり、性や医療といった"普段晒すことがない部分"を扱うフィールド。

- ★ セラピストなど人を癒やす仕事
- ★ 医師
- ★ 心理カウンセラー
- ★ 性に携わる仕事
- ★ 占い師やヒーラー

## 射手座 SAGITTARIUS

外国とのつながり、アカデミックな領域、最先端の学問や研究。先生と言われる仕事、人々のガイドとなれるようなフィールド。

- ★ 研究者
- ★ 士業（弁護士、医師など）
- ★ 教育者
- ★ 出版・報道関係
- ★ 海外に携わる仕事

## 山羊座 CAPRICORN

クラシックな分野、国際機関、公権力などに関わり、世界、組織、国、行政などをまとめていく。何らかの公的な力を得られるフィールド。

★ 経営者
★ 政治家
★ 士業（弁護士、医師など）
★ 伝統的な世界
★ 作家・コラムニスト

## 水瓶座 AQUARIUS

博愛・平和主義なところがあり、“競争よりも協奏”を目指す場所で輝く。オリジナル、マイノリティ、バイオ技術、クラウドワークが活躍を期待できるフィールド。

★ IT業界
★ 発明家
★ 研究者
★ インフルエンサー
★ エンジェル投資家

## 魚座 PISCES

スピリチュアル、アートや慈善活動、クリエイティブな作品を通して癒やしや潤いをもたらす。優しさや慈愛、創造性が生きるところが主戦場となるフィールド。

★ ヒーラー
★ セラピスト
★ アーティスト
★ 芸能関係
★ 宇宙に携わる仕事

# DH《ドラゴンヘッド》に続く道のりは、魂の成長物語 〜DT《ドラゴンテイル》からDH《ドラゴンヘッド》へ〜

私のオリジナルな「成功の法則」をご説明するにあたり、突如現れたように感じている方もいらっしゃるかもしれない「DH《ドラゴンヘッド》」。これは、10個の天体とは別に計算式によって導き出された感受点（＝占星術的に意味を持つポイント）と呼ばれるもののひとつですが、実は、現世の人生において最大級に重要なテーマを与えてくれる、絶対に見過ごせない要素なのです。ここであらためて、ご説明しておきましょう。

DH《ドラゴンヘッド》の解釈は、占星術師によってかなり個性が出る部分だと思いますが、私の見解では、「魂のレベルアップ」に欠かせないもの。それは、今回の人生で向かうべき最終目的地でありながら、多くの人がなかなか辿り着けない究極の到達点とも言えるかもしれません。

なぜ、なかなか辿り着けないのかと言うと、DH《ドラゴンヘッド》が示すのは、自分にとって非常に摩擦係数の高い内容だからです。大抵の場合、それは苦手分野と認識されていて、女優さんがお笑いに挑戦するくらい「なぜ、それをやらなきゃいけないの!?」と感じてしまうところ。でもだからこそ、それを乗り越えた先には、とてつもない成長が待っているのです。

DH《ドラゴンヘッド》とワンセットで捉えられるのが、「DT《ドラゴンテイル》」(P108参照)。このDT《ドラゴンテイル》は、もともとあなたが「持って生まれた能力」。別の言い方をするなら、過去世で散々やってきたことであり、現世では、放っておいてもある程度のポジションを築けてしまうエリアです。

そして、ここで覚えておいて頂きたい肝心なことは、あらゆる人生にとって、一生の間にDT《ドラゴンテイル》からDH《ドラゴンヘッド》へ向かっていくことこそが、目指すべきベクトルであるという大原則。龍《ドラゴン》の進行方向に向かって風が吹いていると想像してみて下さい。DH《ドラゴンヘッド》に向かおうとすればするほど、誰もが強力な追い風を味方につけられるのです。

それでは、そもそも「魂のレベルアップ」とは何なのでしょうか？なぜ私たちには、それが必要なのでしょうか？

各々の魂は、1回の人生にひとつずつ、大きなミッションを与えられてこの世に生を受けます。このミッションこそDH《ドラゴンヘッド》が表している至上命題なのですが、これをクリアすることで、その魂はようやく次のステップに進めます。すると、次の人生では前世でのDH《ドラゴンヘッド》がDT《ドラゴンテイル》となり、新たなDH《ドラゴンヘッド》を課されることに。輪廻転生の根本原理はこの移行劇にあるのですが、誰もが簡単にDH《ドラゴンヘッド》をクリアできるわけではないのは、先程もお伝えした通り。

ここで、少しわかりやすく、学校の勉強に例えてみましょう。

国・数・英・理・社のうち、自分の現世のＤＨ《ドラゴンヘッド》が数学だとします。でも、数学には苦手意識があり、毎回20点しか取れない。かたや、国語の方は一夜漬け程度の勉強でも常に90点以上を取ることができ、周囲からも何かと褒められます。自分にとっては、国語ばかりやっていた方が断然快適なので、ラクなところに居続けたくなり、数学からは逃げがちに。

すでにお察しかと思いますが、このケースのＤＴ《ドラゴンテイル》は国語ということです。ＤＴ《ドラゴンテイル》は、いわば「せめてこの辺りから人生をスタートさせてあげましょう」という〝上〟からのはからいなのですが、それに甘んじてばかりいると魂は成長できません。

私たちが、なぜ大変な思いをして魂のレベルを上げなくてはならないかというと、ひとりひとりのレベルアップが宇宙全体のエネルギーを上げていくことになるからです。だからこそ、勇気を出してＤＨ《ドラゴンヘッド》への道に一歩踏み出した人は、星からの全面的なバックアップを享受できます。追い風に乗れ、不動の地位を築くレベルの成功を得られるなど、ご褒美をいただけるんですね。

実は、私たちは、持って生まれたＤＴ《ドラゴンテイル》の能力に水星と木星の力を加えることで、現世的には充分な成功を得ることができます。ここがひとつのトラップで、９割以上の人たちは、ＤＨ《ドラゴンヘッド》に向かう努力を怠ってしまう。では生涯、その居心地のよさに浸っていられるかというと、やはりそういうわけにはいかず、そのうち、ＤＨ《ドラゴンヘッド》に向かわざるを得なくなる合図がやってくるのですが……。トラブルが発生したり、体調を崩したり、現状を揺るがす大きな事件が起き、人生の航路を軌道修正させられるのです。

そこまでのことが起きない場合でも、きっと、ＤＨ《ドラゴンヘッド》の内容は、人から何度もすすめられたことがあるなど、なんとなくそちらに呼ばれている感覚があるのではないかと思います。

でもそんなとき、みなさんの頭の中には、「自分はそんな努力をしたくない」「自分にはそんなことできない」「自分はイメージを崩したくない」など、自分は、自分は、自分は……と、我を張りたい気持ちが溢れているのではないでしょうか。

自己中心的な思考から離れ、志を高く持ってＤＨ《ドラゴンヘッド》への第一歩を踏み出したとき、あなたの人生に追い風は吹き、一気に上昇気流へと連れて行ってもらえるのです。

# DH

人生の根幹を成す最も重要なストーリーは、DTからDHへ向かう魂の成長劇。DTとDHは、ホロスコープ上では必ず対角線上にあるため、成長のテーマには6本の軸が現れます。自分のDHから、人生で力を注ぐべきポイントを掴みましょう。

## 牡羊座 ⟷ 天秤座

**個人主義か全体主義か？**

主義主張が強く自分ファーストな牡羊座と、「和をもって尊しとなす」を体現する天秤座は、まさに正反対の価値観。あなたがDH天秤座であれば、主張を和らげ、あえて場の空気や世の中のトレンドに乗ってみると新しい世界が広がります。DH牡羊座なら、自分のやりたいことをもっと声高に主張して。勝負モード全開で突っ走ること！

## 牡牛座 ⟷ 蠍座

**自分らしい豊かさを探る**

牡牛座にとっての豊かさとは、物質的・経済的にリッチな状態。一方、蠍座の人は精神的な充足感を追求する傾向に。DH蠍座の人は、深い愛情などで心を満たすことを恐れず、もっと素直にのめり込んで。DH牡牛座の人は、金銭的な裕福さを低俗なものや下品なものと見下す固定観念を捨てましょう。自力でガンガン稼ぐことに力を入れて。

## 双子座 ⟷ 射手座

**コミュニケーションの方向性**

双子座は、友人関係など1対1のフラットなコミュニケーションを取らせたらピカイチ。かたや射手座は、豊かな知見を一段上の立場から大衆に教え広めるのが得意です。DH射手座の人は、万人ウケを捨て、もっと自分の色や“イズム”を強く打ち出して。DH双子座の人は、一度プライドを脇に置き、周囲と同じ目線でつながる努力をしてみましょう。

ex)
P86 の A さんの場合、DH が水瓶座なので、
オリジナリティを極め、
コアなターゲットに届けるよう力を注ぐといいことがわかります。

## 蟹座 ⟷ 山羊座

**自分を取り囲む世界観**

家族などの小さく情緒的なコミュニティを大切にする蟹座に対して、会社や国家など大きく組織的な場を活躍の舞台に選ぼうとする山羊座。DH 山羊座なら、もっとビジネスや公の場を通じて直接的に社会貢献する道を選んで。DH 蟹座なら、仕事人間をあらため、温かい家庭を作ることを目指してみて。

## 獅子座 ⟷ 水瓶座

**理想のヒーロー像は?**

ヒーローとなる宿命を背負って生まれた、獅子座と水瓶座。獅子座は、みんなのアイドル的存在。水瓶座は、マニアックな世界でカリスマと崇め奉られることも。DH 水瓶座の人は、どこまでもオリジナリティを極め、コアなファンに絞った発信を。DH 獅子座の人は、「わかる人にだけわかればいい」から抜け出し、メジャーシーンに躍り出て。

## 乙女座 ⟷ 魚座

**癒やしパワーの使い方**

どちらも人を癒やしたり整えたりする高い能力を備えていますが、乙女座はフィジカル、魚座はメンタルを担当。DH 魚座の人は、自分の中にある常識や道徳観の足枷を外し、もっと自由に感情を露わにして人に寄り添って。DH 乙女座の人は、奔放に生きてきたぶん、今後は自分を律し、実践的な知識を身につけて人の世話役を買って出ましょう。

CHAPTER 4

# 運命のホロスコープ

出生時間までわかると、より詳細なホロスコープを見ることができます。

ここからは、ハウスを使って今回の人生で関わっていくべき領域を読み解き、自分の道を見つけるヒントをご紹介します。

# 活躍できる領域を教えてくれるハウス

この章では、ホロスコープをさらに詳しく読み解きたい方のために、「ハウス」という概念についてお伝えしていきます。

ハウスは、生年月日に加え、出生時間と生まれた地域を用いて算出されるもの。ホロスコープ上には12のエリアで表示され、星座と同じように、第1〜12ハウスがそれぞれの担当領域を担っています。

では、星座とハウスは何が違うのでしょうか？　星座がその人の「属性やタイプ」を表すのに対して、ハウスは「今回の人生で関わっていくべき領域」を教えてくれます。自分の天体が入っているハウスを見ることで、「自分を生かせるステージ」や「克服すべきポイント」「学びの場」などを知ることができるのです。

各ハウスが表す領域は、数字の大きさに比例して、その世界観も拡大していきます。詳しくは後程まとめますが、第1ハウスの「me（私）」に始まり、第2ハウス「才能や財産」、第3ハウス「コミュニケーション」、第4ハウス「家族」……と、徐々に自分の外側へ向かっていき、「会社や社会、国家」を表す第10ハウスで物質社会が完結。その先の第11、12ハウスになると、「意識や概念」といった目に見えないゾーンに入っていきます。

どのハウスに天体が配置されているかを見ることで、自分が今回の人生で「主戦場」にするべき領域がわかります。

第1〜5ハウスくらいまでに天体が集中している場合、主戦場は自分の半径数メートル〜数十メートル以内。そして、そこで使用したい武器は、刀やピストル、ライフルなど接近戦に適したものです。

それが第12ハウスまで行くと、バトルゾーンは宇宙全体にまで広がります。大陸間弾道ミサイルでも足りないくらいですが、とにかく地球最大規模の飛び道具でないと歯が立たないくらい、大きな領域となるのです。

「どこを主戦場にするために、どんな武器を持って生まれてきたのか？」ハウスは、それを教えてくれます。

どんな武器を持っているかわかるのがハウスで、その属性を教えてくれるのが星座。別の言い方をするなら、どのステージで頑張るために生まれてきたのかわかるのがハウスで、何をどんな風に学ぶべきかわかるのが星座と言えます。

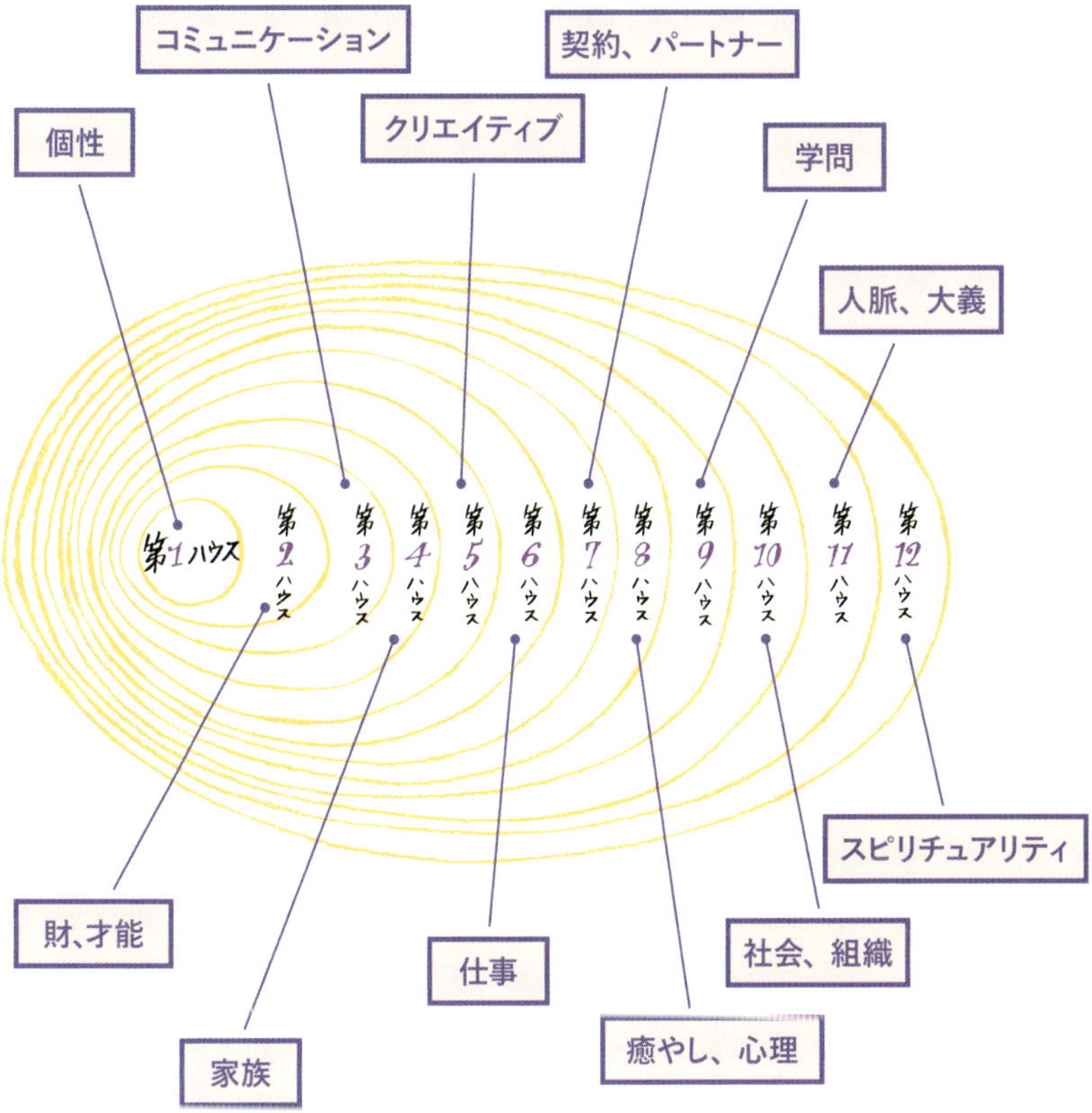


12 個あるハウスが表す領域は、数字の大きさに比例して、その世界観も拡大していく。徐々に自分の外側へ向かっていき、物質社会へ。そして、その先の目に見えないゾーンに入っていく。

ちなみに、天体がひとつも入っていないハウスは、自分にとって悪い影響を及ぼすかと言うと、決してそうではありません。そこはむしろ、「可もなく不可もなく、今回の人生では特に関わらなくていい」領域。

私の周囲を見ても、億万長者というわけではないけど、お金に困っているほどでもない人は、やはり第2ハウスに天体が入っていなかったりします。また、第4ハウスに天体がひとつも入っていない人のほうが、天体が集中している人よりも、家庭が円満ということもあります。

多くの天体が集まっているハウスは、その特性が過剰に出る場合もあるのです。暴走しやすくなっているので、ときどき意識して、気をつけておくといいかもしれません。

P86のAさんの場合は、第1ハウスに火星、第2・3ハウスには何も入っておらず……、というように読みます。

最後に、出生時間はわからないけど、ハウスを知りたいという方のための調べ方をご紹介します。その場合は、仮に6時、12時、18時と3つの時間でホロスコープを出してみて下さい。これまでの人生や、今の自分と照らし合わせて、最も近いと思われるものを採用しましょう。

# 太陽、水星、土星に注目

ハウスを調べる際は、まず太陽、土星、水星に着目するのがおすすめ。この3つの天体を使いこなせば、盤石な土台を築くことができます。

まず、太陽は自分のメインコアであり人生の大黒柱ですから、どんなときでも外せません。例えば、私の場合は、太陽が第3ハウスで、第12ハウスに多くの天体が入っています。第3ハウスが司る「コミュニケーション」を基軸に、第12ハウスの「スピリチュアル」な内容を語っていくことでブレイクしやすいということなのです。

もしも「財」を意味する第2ハウスに太陽があったなら、宇宙的なお金の稼ぎ方について語っていたかもしれません。「不動産やコミュニティ」の第4ハウスだったら、スピリチュアルなリトリート作りに命を懸けていたかもしれませんし、

「健康」を表す第6ハウスだったら、健康食品を開発していた可能性もあります（笑）。

また、水星は、いわば自分の基本OS。才能の在り処で、星から与えられたギフトです。それは、世の中に貢献するために渡されているスペックであり、日頃から世の中をどんな視点で切り取っているかという価値観を表しています。

さらに、土星は試練の星。始めは、目を背けたいところや、関わりたくないところ、心の摩擦係数が大きい領域を示していることがほとんどですが、マイナススタートだからこそ、頑張った暁には血肉となっていきます。もともと好きなものを突き詰めるのもひとつのやり方ですが、それは運動会レベルの成功度合い。オリンピックを目指したいなら、土星を有効活用していきましょう。

土星は、隠された力でもあります。封印されているからこそ、始めは苦手意識もあるでしょう。でも、そこを拓いてあげれば、もともと得意だったことに比べても、よりいっそう鍛え抜かれたあなたの強みになっていくはずです。

# 12のハウスの活動領域

**第1ハウス**

自分のビジュアル、
キャラクター、
個性、
アイドル、
アイコン

**第2ハウス**

豊かさ、財産、
お金、所有物、
土地、
才能の在り処、金脈

**第3ハウス**

コミュニケーション、
好奇心、
フラットな関係性に
おける伝達、
兄弟姉妹

**第4ハウス**

家族、家庭、
不動産、場所、
コミュニティ

**第5ハウス**

クリエイティブ、
創作、芸能、音楽、
エンターテインメント、
恋愛、
小学生くらいまでの
子育て

**第6ハウス**

仕事、働き方、
奉仕、健康、
動物

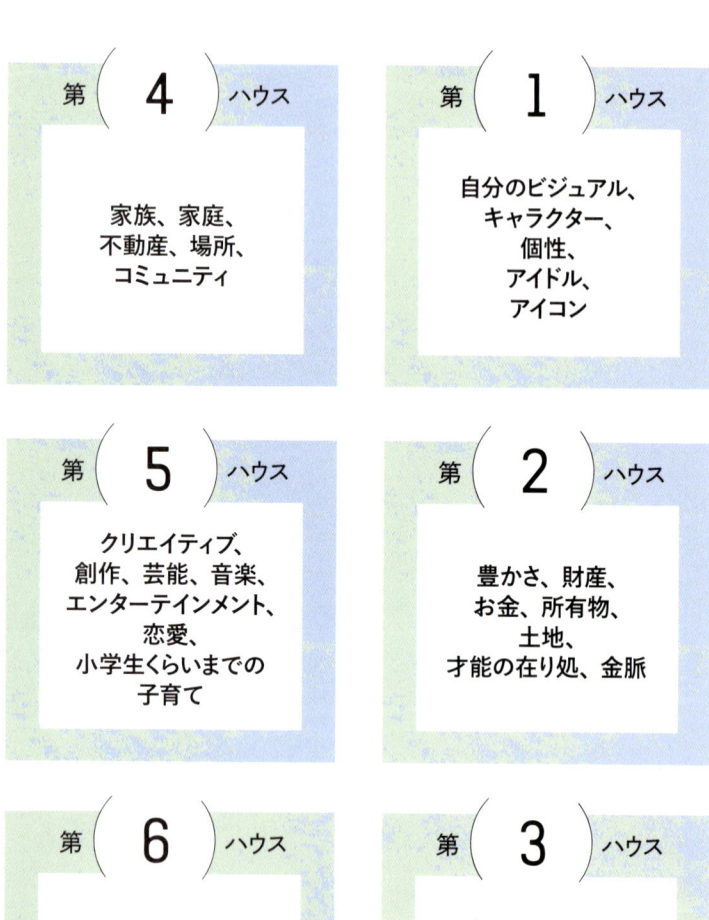

ハウスは、今世において自分が興味・関心を寄せているところ。また、自分の特性を生かせる活動領域を教えてくれます。それぞれのキーワードは、どんな天体が配置されるかによって、プラスにもマイナスにも作用することを覚えておきましょう。

### 第7ハウス

パートナーシップ、
契約、結婚、
親しい人との関係、
冠婚葬祭、
社会との接点の転換

### 第8ハウス

霊性、心理、
癒やし、もらえる才能、
結婚後の夫婦関係や
家族関係、
性

### 第9ハウス

学問、
アカデミックな領域、
旅、外国、
教える、法律、
ルール、正義、探究

### 第10ハウス

社会の中での在り方、
カリスマ、会社、
組織、国家、政治

### 第11ハウス

大きなビジョン、
未来、大志、
大義、広い人脈、
友人関係

### 第12ハウス

気、
スピリチュアリティ、
目に見えないものすべて、
奉仕、神さま視点

# 太陽のハウスについて

## 第（1）ハウス

ビジュアル的な個性やキャラクターが強く、際立つルックスそのものが最大の武器に。どんなときも光を放ち、どこにいても何をしていても目立ってしまう「アイドル座標」。何かと表舞台に引っ張り出されやすいタイプですが、本人も自分をアピールすることが好き。とにかくビジュアルを磨き、芸能人やモデルを始め、人前に出る仕事に就きましょう。また、ベンチャー企業の社長や政治家などで、本人がキャラ立ちし、アイコン的な存在になっていくケースも。恋愛では、外見を好かれてばかりで中身を期待されない寂しさもありますが、基本的には周囲にチヤホヤされ続ける人生。調子に乗ることはあっても、ひねくれてしまうことはなさそうです。

## 第（2）ハウス

お金周りに縁があり、お金を使うことや貯めることが好き。財運がよく、意図せず高収入の仕事に就けたり、生前贈与で大金を相続したり、土地を驚くほど有利な条件で売買できるなど、恵まれた経済環境を享受できるでしょう。また、お金で得られる豊かさを好むため、高価な車や、立派な家を持っている傾向も。さらに、第２ハウスに何の星座が入っているかを見ることで、自分の金脈となる「才能の在り処」がわかります。例えば、牡牛座なら不動産売買や権利収入、獅子座ならエンタメ系、天秤座ならファッションやデザイン系、蠍座ならスピリチュアルな癒やし、射手座は何かを教え広めることなど。お金に交換し得る自分の“持ち物”を自覚して。

真っ先にチェックしたいのは、自分の主軸となる太陽のハウス。今回の人生で外せない、メインフィールドはどこか？ 星座と併せて見れば、その領域の生かし方まで読み解くことも可能です。

## 第 3 ハウス

誰かと喋ることや、ブログやSNSでのやり取りなど、常に人とのコミュニケーションにフォーカスしている人たち。社交性が高く好奇心も旺盛なので、未知の体験や新しい出会いには積極的にアプローチしていけるはず。私も太陽が第３ハウスなので、黙っていろと言われても喋ってしまいますし、ブログも頻繁に書かずにはいられません。大抵の有名なブロガーは、第３ハウスに太陽など大きな天体を持っているのではないでしょうか。コミュニケーションや伝達に関わる仕事が絶対的におすすめです。また、第３ハウスには「兄弟姉妹」の象意も。兄弟や姉妹で会社経営に携わるなど、何らかのコンビを組んでいる場合もありそうです。

## 第 4 ハウス

自分の「場所」を持つことが、成功の鍵に。塾の先生や整体院やヨガスタジオなど、自分のホームに人を誘い込むのが得意な蟻地獄タイプです。反対に、飛び込みの営業職などに就くと、しんどい思いをしてしまいそう。また、人前に出る仕事を選ぶときは、オンラインサロンなどのコミュニティを持ったり、某有名通販会社のように、自社チャンネルを作り、撮影から電話応対まですべて自社内でできる基盤を整えるとうまくいきそう。家や不動産にも縁があるので、不動産業やインテリアデザイナー、宅建士や建築士の資格を取るのもおすすめ。保育園など、塀に囲まれた場所で働く職業も向いています。

## 第5ハウス

みずみずしい感性がほとばしる「感性軸」。ここを上手に使っている人は、職種や肩書きの垣根を越えて、時代の半歩先を読む嗅覚や美的センスで勝負している人が多いようです。例えば、「もとはDJだったけどファッションデザインをやるようになり、さらに事業拡大してデザイナーやプロデューサーにもなって……」というタイプや「ハイパーなんとかクリエイター」といった職種。領域を狭めることなく、インスピレーションの赴くままに、面白いことや楽しいこと、美しいことを追求してみるといいでしょう。一方、「子育て」が好きという一面も。シュタイナー教育など、伸び伸びとした感性教育にこだわりそうです。

## 第6ハウス

労働や奉仕、健康にまつわることに縁のある第6ハウスは、いわゆる公務員や福祉関係、医師を始めとする医療関係全般など、パブリックな立場から社会貢献することに生きがいを感じる傾向があります。整体やアロマサロン、鍼灸院など、健康的な生活を支えていく仕事もよいでしょう。動物愛好家も多いので、獣医師やブリーダー、トリマーやペットホテルの経営者なども適職です。また、勤勉で真面目な性質を持ち、働くことと真摯に向き合おうとするがゆえに、自分にしかできない唯一無二の仕事を模索し、新たに作り出すケースも。精密なデータの検証も得意なので、研究者にも向いています。

# 第 7 ハウス

パートナーシップや契約を司る第 7 ハウスは、パートナーを必要とする仕事に就く人が多いでしょう。例えば、弁護士、税理士、会計士、社労士など、「顧問○○」という肩書きを与えられる士業や、漫画家と編集者のようにタッグを組んで仕事をする職業に就く場合も。また、人生の中で「ステータスや社会との接点が切り替わる瞬間」との縁が深いため、ウエディングプランナーや結婚相談所、葬儀屋といった冠婚葬祭関連の仕事も適職。「結婚」そのものを意味するハウスでもあるので、自分に影響力のある人と結婚し、配偶者を得ることで人生が劇的に変化を遂げるケースも、決して少なくないでしょう。

# 第 8 ハウス

よくも悪くも「もらえる才能」に恵まれます。例えば、玉の輿に乗ったはいいけど姑の介護をすることになったり、旅館の若女将をやらざるを得なくなったり。宝くじに当たったり、不動産を相続できる代わりに、恨みや妬みを買いやすかったり、珍しいウイルスをもらいやすかったりするかもしれません。一方、スピリチュアルな癒やしの力を備えているため、アーユルヴェーダなど古代の英知を結集した代替医療に傾倒する人も。ヒーラーやマッサージなどのセラピスト、霊的なもののカウンセリング、パワーストーンなどに関わる人も多そうです。性的な分野とも縁が深く、水商売は太客がついて繁盛しそう。産婦人科医や助産師も適職です。

# 太陽のハウス

## 第 9 ハウス

強力な探究心で境界線を越えていく冒険家。専門分野の研究を深めて新発見をしたり、知恵や知識を目上の立場から拡散していきます。研究者や教授職、とことん突き詰めるリサーチャーにも向いていますが、「報道」を司るハウスでもあるので、ジャーナリストとしても活躍できそう。また、拡散力のあるYouTubeは非常に第9ハウス的なので、インフルエンサーとして人気が出る場合も。「旅」座標でもあるため、世界中を飛び回る人生になるかもしれません。ひとつ気をつけたいのは、ロジックに偏り過ぎると人の気持ちを置き去りにしてしまうこと。正義を重視するあまり、多少の犠牲は仕方ないと考えがちな点も注意が必要です。

## 第 10 ハウス

社会での在り方や、見られ方、目立ち方に重点を置く「社会軸」。第10ハウスは、ホロスコープで見るといちばん上に位置しているため、トップの役割を担いやすいのです。「リーダーシップ座標」でもあり、会社の社長やタレントなど、社会に影響力をもたらす立場に担がれる人も多いでしょう。トップを維持するためには容赦ないところもあるので、組織の役に立たない人材はスパスパ切っていけるドライな一面も。仕事人間になりやすいので、定期的に会社から離れる時間を持つと、ワークライフバランスが取れるようになります。第10ハウスに太陽の他にも天体が3つくらい入っている場合は、暴君になりやすいので注意が必要です。

## 第 11 ハウス

人間関係や人脈が、第 11 ハウスの大きな武器。逆に言うと、義理を欠くのは絶対にダメ。SNS での活発なコミュニケーションや、お礼状は欠かさないなど、多くの人たちとのつながりを大切にしましょう。また、NPO や NGO など社会への関心が高く、自分自身の心地よさよりも「for all」「for earth」な快適さを考えている人が多いはず。地球環境や動物殺処分の問題などを見過ごせず、果敢にカットインしていく人も多いでしょう。また、ここに太陽や天王星、海王星が入っている人は、幅広い友人関係も特徴的。たまたまバーで意気投合した人が、実は上場企業の社長だったりと、意外な人脈を得られる引きの強さを備えています。

## 第 12 ハウス

第 12 ハウスに太陽を持っている場合、知覚領域が自分の身体をはみ出している可能性があります。周囲の空気や他者の感情まで敏感に感じ取ってしまうので、一般的な仕事には就きにくいかもしれません。ただし裏を返せば、探偵やシャーマン、神職、ヒーラーなど一般的でない仕事には優れた適性があります。自分の意思より世の中の「器」となり、時代の空気や空間の気を背負った方が活躍できそうです。すでに会社勤めなど一般的な仕事をしている場合は、週末の過ごし方を変えたり、SNS で別の人格を設定するなど、心の中の世界をアウトプットできる場を持つと安心。その意味では、ヘアメイクやデザイナー、アーティストなども適職でしょう。

# 水星のハウスについて

## 第 1 ハウス

自分の見た目や見栄え、社会的なポジションなどについて、常に魅せ方を考えているブランディング志向。自分へのこだわりも人一倍ですが、他者についても無意識的にファッションチェックをしてしまうほど。美容師やヘアメイク、スタイリストやベースカラー診断士など、人のビジュアルを扱う仕事全般に向いています。ファッション・コスメなどの最新情報が自然と入ってくるような星を持っているので、新しいメイクアイテムや最新のトレンドにまつわるプロデュースをしたり、それらを拡散したり、自分の生活に取り込んでいくことで開運する暗示があります。

## 第 2 ハウス

財テクが趣味など、よりよく稼ぐための方法論に目端が利きそう。また、自分の才能を冷静に判断できるので、就職や転職もスムーズ。その能力を他人に生かせば、人材コンサルタントや転職エージェントも適職。時代の潮流を読むのも得意なので、金融業界や起業家、さらに仮想通貨など新システムにも活躍の場がありそうです。また、人の才能を見抜くことにも優れているので、各人にあったトレーニングメニューや学力向上のためのカリキュラムを作成するなど、面白い方法で"才能開花"に導くこともできるはず。コーチやトレーナー、セミナー講師、家庭教師としても頭角を現せる星回りです。

情報が溢れる現代社会において、自分軸の確立に欠かせないのが取捨選択すること。水星は、興味の矛先やリアクションの傾向を教えてくれます。情報の波に飲まれないためにも、進むべき方向性を確認してみましょう。

## 第（3）ハウス

「トークとコミュニケーション」のハウスで、話すにも書くにもキャッチーな表現が得意。好奇心も旺盛なため、食べ歩きをしてブログや SNS にアップしたり、映画やドラマのロケ地巡りをしてみたり。趣味仲間との交流といった横のつながりがとにかく広いので、社交力を生かしてネットワークを広げていき、副業や第2、第3の顔を得る人もいそう。文筆業やブロガーの他、トーク力でお金を稼ぐ人も。頭の回転が速いため、先生にも向いています。「移動」もキーワードで、レーサーやドライバーなど運転する職業もおすすめ。短距離移動を好み、国内を飛び回る仕事も適職です。

## 第（4）ハウス

家族を始め、半径数メートル以内のスモールコミュニティに意識が向いているのが第 4 ハウス。地域の役員やマンションの理事、部活動の長などに就任して、強い仲間意識でメンバーのケアに勤しむでしょう。また家や不動産に興味があり、引越し魔の可能性も。不動産業の他、インテリアデザイナーやハウスメーカー勤務も最適。また風水を学んで空間作りに取り入れたり、名作椅子やインテリア小物をコレクションするなど、大好きなものに囲まれるようにすると、自然と運も上向きに。地元にもご縁があるので、家族孝行に精を出したり、地元の名産品や家業で成功することもできるでしょう。

# 水星のハウス

## 第5ハウス

エンターテインメントやクリエイティブなことが大好き。感性豊かで、ユニークな発想力があるので、エンタメや広告、デザインの業界などで重宝されそう。観劇やテーマパーク、ライブに目がない人も多く、趣味が高じて仕事となるケースも。面白いこと、感性を刺激されることにアンテナが立っているので、替え歌やパロディ、お笑いといったウィット・ユーモアを使うことで、世の中に潤いをもたらします。センスがよい、美しいものに目が無い、恋愛が好き！ という側面もあります。また、クリエイティブ同様、産み育てるのが上手なので、子育ても楽しめるはず。

## 第6ハウス

何はなくとも実用性にこだわるタイプ。家電を買うにも、デザイン性より、断然スペック重視。常によりよい仕事を追求しているので、キャリアアップ関連や社労士、労働環境に関わる仕事もおすすめです。社会の基盤を整える公務員やインフラ関係、医療関係にも関心が高そう。全体的に安定感のある職業を選ぶ傾向があります。非常に真面目に仕事に向き合い、その姿勢はまるで“武士”のよう。実直で丁寧な仕事ぶりが周囲、上司からの評価を得られやすく、組織内での出世は早い傾向。また士業（先生といわれる仕事）でもその真面目な仕事ぶりが噂を呼び、“予約の取れない○○”など、大先生とよばれる業界のトップランナーにもなれるはず。

## 第 7 ハウス

結婚やパートナーシップを表す第７ハウスの人は、人と人をつなげることに喜びを感じるところが。縁結びも得意なので、婚活業界はぴったり。人材派遣業や冠婚葬祭関係も適性が高いでしょう。また、パートナーシップを築くことが上手なので、顧問弁護士や顧問税理士など「顧問○○」という仕事でも成功できそうです。基本的に誰かのよさを見出し、磨くことが得意なので、コンサルタントやカウンセラーも向いています。家政婦、クラブのママや誰かに寄り添う仕事、そばにいてすべてをこなすような仕事、プロのアスリートの管理栄養士のような仕事にも神がかった適性を見せるはず。

## 第 8 ハウス

不労所得について考えるのが好き。また「もらえる才能」があるため、実際に不動産所得やロイヤリティなどで食べていける人も。人気があり票を集めやすいため、芸能人や政治家で第８ハウスに水星を持つ人も意外と多そう。癒やし系全般や性的な分野にも縁が。そしてマジョリティよりマイノリティに属すものに惹かれる傾向があるので、世間一般で流行っているものよりは、インディーズやＢ級映画など、ニッチ&マイナー路線を好む人も少なくないでしょう。また霊能やなんらかの特殊能力系の力を持っている人がいるのも、このハウスの特徴の一つ。人と違う鋭敏な感覚がある人は、その力を生かして世の中に貢献することで道が開けるはず。

## 第9ハウス

第９ハウスが司るのは、旅、外国、宗教、心理、学問など。非常に探究心旺盛なので、学者や作家、研究者も適職。放送の意味もあるため、ジャーナリストや報道系の仕事、アナウンサーもおすすめです。いずれにしても、一段上のポジションから広域にものを伝えることに向いています。研究者や先生、教授といわれるポジションについている人が多いのもこのハウスに天体を持つ人の特徴で、物事をとことん掘り下げ、地平を広げる役割を担っています。まだ見ぬ新天地を求め冒険の海に出る、少年漫画の主人公のような物怖じしない性質を持ち、どこか無鉄砲なところもありますが、それが世紀の大発見・大発明につながることもあるはずです。

## 第10ハウス

カリスマ性を備えると同時に、何より社会で目立つことやトップを取ることに関心が。組織や仕組み作りが得意なので、社長や政治家も適役です。自然と場の中心になりやすく、意見が採用されやすいからこそ、周囲に圧迫感を抱かせない気遣いは必要。若くして起業したり、ヒーロー的な立場に立つ人も多いでしょう。また組織をまとめるための術、システムを構築することに興味があるので、あえてトップにならずに、参謀としてトップを補佐し“実務”をすべて担う右腕としてカリスマ性のあるトップを支えることもできるでしょう。霞ヶ関の官僚や、国際組織の一員として働くことに意義を感じる人も多い配置です。

## 第 11 ハウス

個人や一企業の利益を求めるよりも、国境を越え、地球レベルで社会に貢献したいと考えます。人の役に立ちたい、大義に従いたいという気持ちが強いため、国連関係やNPO、ボランティア、クラウドファンディングの運営元などの職に就く場合も。インターネットの象意もあるので、オンラインサロンの運営もおすすめ。また、環境問題に興味がある人も多いのがこの配置の特徴。持続可能な社会の構築を目指し、二酸化炭素の排出量削減、地球温暖化防止など、社会問題に向き合い、それらに対してのアクションを起こしていきます。博愛精神、縦のつながりよりも横のつながりが多く、人脈に支えられることが人生の中で多く発生します。

## 第 12 ハウス

宇宙や真理を象徴し、すべてを受容する懐の深さを持ち合わせている第12ハウス。「気」を司り、天気、人気、雰囲気など見えないものを掌握できるので、人気商売にも最適です。占いのように、日々の習慣になるものも好相性。また、癒やしを提供し、秘密の打ち明け場所になるケースも。考古学や歴史にも関心が高いでしょう。さらに、スピリチュアルなものに対する感度が非常に高いので、科学的なもの、根拠があるもの以外に対する受容力も相当高く、目に見えないもの・パワースポット・霊験あらたかなところ、スピリチュアルな文献・史実に対する興味が尽きることは無いでしょう。

# 土星のハウスについて

## 第 1 ハウス

とにかく、自分のビジュアルを人前に晒すのが嫌い。恥ずかしい、自信がないという気持ちが強く、顔も個性も隠しがち。でも、それならば、ファッションの研究をしたり、メイクの腕を磨いたりして自分に自信を持つ努力を。お気に入りのフィルターも駆使して、SNS にバンバン自撮りをアップしていきましょう。また、自分ファーストで生きてみることで道が開けるので、人に寄せすぎなところがある人は“自分の聖域”を死守すること。わがままはよくありませんが、ワレガママで生きる、自分本来のキャラを出すことに躊躇しないほうが、開運効果が強く出るはずです。

## 第 2 ハウス

お金を出すべき場面でも、つい出し渋ったり、ケチってしまったり。また逆に、たいして欲しくもないものにお金を使ってしまう浪費癖がある場合も。どれだけ手元にお金が入ってきても、本来それは、“上”からお預かりしているだけ。社会の中でスムーズに循環させるものと心得ることが大切です。必要以上にお金、収入、支出にこだわりすぎないこと。そしてお金に関する苦手意識をなくし、“自然と循環するもの”という意識で過ごすことでお金の呪縛から解放されて、財との関係がよくなっていきます。リハビリとして“たまに高額な買い物”をして、筋トレならぬ、金トレでお金を使うことの制限、ブロックを解除していきましょう。

土星が入っているハウスの象意は、苦手なことである場合が多いはず。でも、あえてそこに力を注ぐと、あなたの成長は3倍速に。伸び悩んでいるときこそ、土星がもたらす負荷をカンフル剤として！

## 第（3）ハウス

シャイだったり、口ごもったりして、相手の顔を見て話せない。余計なひと言が多かったり、ちぐはぐな質問をしてしまう。ユーモアが足りなかったり、冗談を真に受けてしまう……。そんなコミュニケーションエラーが気になり、会話が苦手な方が、第３ハウスに土星をもつ人には多いかもしれません。落ち着いて話す習慣をつけて。また、失言や、親しくない相手でも過度に踏み込んでしまうなど、距離感のエラーが目立つ人がたまにいるという特徴も。常に礼節を意識して、“地雷を踏む”ことを回避しましょう。

## 第（4）ハウス

家や家族に問題があり、あなたの重荷になっている可能性があります。そんな場合は、あえて広い心で家族孝行をしてみましょう。結婚しているなら、パートナーが喜ぶことを優先してやってみたり、子どもがいるなら、接する時間をたくさん取ったり、褒めちぎってみることも、人生修行の一環かも。または、家中を掃除して、物理的にすっきりと空間を浄化することも開運の扉を開く鍵となるでしょう。家をきれいにする、空間を祓い清めることを徹底的に行うと、その道のプロとして仕事につながる可能性があります。また、家族を通して、地域社会の活性化、再生にやりがいのある役目を見出す人もいるでしょう。

# 土星のハウス

## 第5ハウス

何かにハマり過ぎ、のめり込みやすいタイプ。もしくは逆に、感性にフタをしてしまうことで、極端にドライだったり、好きなことがわからなくなっているかも。ハマりごとには、ある程度の年齢になったら自己抑制を。感性不全は、みずみずしさを取り戻せるようなことを探して。恋愛依存にも注意が必要で、何かにハマって没頭することでアイデンティティを保とうとする傾向も。ただし、節度を持って熱中することで、その道の大家となれたり、趣味が仕事につながっていくような暗示もあり、趣味や習い事が飯の種へと発展しやすい生まれです。遠慮せずに世界に向けて自分の作品や想いを発信していくことで、新しいレールが敷かれていくでしょう。

## 第6ハウス

働くことを象徴する第 6 ハウスの場合、ひとりブラック企業化してしまい、健康面がおろそかになりがち。または、オーガニックしか受け付けません！といった極端な健康志向にハマることも。真面目なタイプなので頑張り過ぎに注意。何事もバランスを意識しましょう。過度に真面目になることで、周りから面白みの無い人と思われる傾向もあるので、人生には緩みや余白が必要ということを学ぶ必要もあるかも。また、逆に星のパワーが出る人の場合は仕事が続かず、転職回数が多くなることも。徹底的に自己を内観することで自分にぴったりの仕事を見つけたり、ともすると仕事自体を作る、肩書きを作るなんていう人もいそうです。

## 第7ハウス

なかなか結婚まで辿り着けないところがありそうです。結婚できても、籍を入れた途端にパートナーが“困ったちゃん”に変貌してしまうことも。身近な人との揉め事が起きやすい傾向もあり、大切な人を若いうちに亡くしたり、絶交に至ってしまうこともあるかも。契約関係の問題にも要注意。ただ、実は近親者・パートナーこそがあなたが磨くべき石。気配りを徹底し、パートナーに尽くせば、相手の機嫌の上昇に比例して、あなたの運気も上がっていくはず。徹底的に人のいいところを認めたり、人間観察力を高めましょう。周りにいろいろなタイプの人とのご縁を配置され、多くの対人経験を積むことで“人間力磨きマスター”になれます。

## 第8ハウス

マイナスの遺産を継承させられたり、何かを手に入れたときに不要なものまで付いてきたり、霊を背負わされてしまったりと、余計なものまでもらってしまうのが第8ハウスの特徴。また、配偶者からDVを受けたり、浮気をされたりするケースも。性的なトラブルとの遭遇率も高いかもしれません。ただ、それらが多く発生するのは、あなたから癒やしのオーラが出ているから。癒やしの波長を、有難くないものを吸い寄せる魔の力として忌み嫌うのではなく、多くの人を癒やす魔法として使うことを決めれば、真の自分を生き始められるはずです。

# 土星のハウス

## 第9ハウス

法律関係の揉め事で、弁護士など士業の方にお世話になりやすいかも。契約事はきちんと内容のチェックを。くれぐれも、社会のルールから外れて警察沙汰にならないように気をつけて下さい。また、受験や試験に対しては徹底的に準備してから向かいましょう。特に面談や面接は事前にシミュレーションしたり、人の倍努力することで、成功確率が飛躍的にアップします。また、海外や出生地を離れて遠くに行くことが苦手な人は、積極的に"旅"に出てみましょう。外に出てみることで見えてくるものもたくさんありますし、その中にあなたがやるべきものもきっと見つかるはずです。

## 第10ハウス

人前が苦手なのに、何かと神輿に担がれがち。でもそんなときは、積極的に引き受けるべき。自分の気持ちを優先するより、社会の「器」になろうと覚悟を決めることで、グンと成長できます。また、人前に立つと、出る杭は打たれるとばかりに叩かれがち。ただしそれに対抗することで鍛えられます。自分の主張は明確に示して。起業したり、社会で認められたり、自分の生き方に胸を張れるようになることで開運するタイプ。誰かや何かの加護のもとに生きるとか、強者に守られる的な生き方は下げ運アクションとなるので推奨しませんが、積極的に牙城《がじょう》を築いていくように動くことで、誰も真似できないポジションを獲得できるはずです。

## 第11ハウス

人間関係の不義理を働いたり、同じ仲間とばかりつるんでいたり。それらはどちらもマイナスアクションなので、飲み会などを頻繁に企画して人脈を広げる努力をしましょう。また周囲に人が定着しないときは、自己主張が強過ぎるのかも。さらに大義を掲げることを偽善者のようだと感じてしまうこともありますが、自分の本当の心に素直になって。本当は優しく、誰に対してもフラットに接することができる広い人脈を構築できる人です。人を助け、また人に助けられる運勢を持っているので、“頼まれごとは試されごと”だと思って、人から頼まれたことを断らずに受けていると、結果的にそれが仕事につながることも。

## 第12ハウス

宇宙的な視点から見て、人としての品格や倫理観に反したことをしていると、自分に跳ね返ってきてしまうのが第 12 ハウス。日頃から、古代の霊的な存在への信心深いマインドが欠かせませんが、いかがわしさを感じて反発してしまうことも。スピリチュアルや霊性を先入観のない心で受け入れ、宇宙の「ザ・ことわり」を追求して。そしてあなたの持つ“潜在的スピリチュアル感度”の高さは相当なもの。その力が開眼すると、多くの人を救う仕事や大きな役割を背負うことに！“普通”とされる仕事には就きにくくなるかもしれませんが、普通から離れる恐れ、不安を乗り越えることで神々と一体化し、ある意味隔絶された存在になっていきます。

CHAPTER 5

# 星を読む その先へ

ここからは、天体の性質やホロスコープをより深く読み解きたい方に向けて。

自分をさらに詳しく知るために、ここまでに語りきれなかった天体について掘り下げていきます。

It will be
as if all the stars will be laughing
when you look at the sky
at night.

# 月が教える、癒やしの場所へ

太陽の相対的な存在として語られることも多い「月」についてお話ししたいと思います。占星術業界では、すっかり月星座人気が定着して久しいですが、そんな中、私は少し独特の見方をしています。

そもそも月は、満ち欠けによってその力を強めたり弱めたりしながら、私たちの暮らしや地球の営みに波風を起こし、波紋を届けているもの。「ツキがまわる」という言葉があるように、定期的に12星座のすべてを巡りながら、身体や心、現象界のすべてに揺らぎのバイブレーションをもたらしています。

そして月の光は、あくまで太陽の光を反射したもので、それは所詮、イリュージョンなのです。

多くの占星術師が、月は「本質的な自分」という言い方をされていますが、実際に個人鑑定の現場で見ていると、やはり人の本質である主軸は太陽であるよう。**月のある領域は、その方の中で「揺らぎポイント」である場合が多い**のです。

それではなぜ、〝本質〟と解釈されがちなのかと考えてみると、欠けているところもあるからこそ、強烈に欲望を刺激するパーツだからではないでしょうか。ただ、それは揺らいでいるからこそ欲してしまうところ。なぜなら人は、揺らぎを補うことで完成形に近づこうとするからです。

ラテン語で「月」を意味する「ルナ」。それを語源とする英語の「ルナティック」は、面白いことに「常軌を逸した人」を意味します。月はときに、人を制御不能にしてしまうのでしょう。人生を枯らすことも、生かすこともできるのが、月。だからこそ、自分の月を熟知して上手にハンドリングしていくことが大事なんですね。

人が揺らぐとき……、つまり疲れた身体や渇いた心を休めたいと感じるとき、私たちは、月の指し示す領域を渇望することになります。

そんなとき、傷ついた子どもが母親に甘えるように、それぞれに適した「癒やしのフィールド」を教えてくれるのが、月。

例えば、月が牡牛座の私は、普段は豪邸に住んでいるわけでも、取り立ててグルメなわけでもありませんが、疲れを感じてくると、雰囲気のいいティーハウスやホテルのラウンジでひと息つきたくなったりします。

月を獅子座に持つ人は〝王様〟でありたい人であり、場の中心にいたい人。目立ちたがりで、芸事に向くという暗示があるので、発表会の機会がある習い事をしてみたり、ダンスやカラオケの大会に出てみるのもいいでしょう。

月が蠍座の人の場合は〝親しい人と過ごす時間〟を大事にしたい人。外で誰かとワイワイするのもいいですが、隠れ家的な場所や周りに気を遣わなくていい場所で、ひとりの時間やパートナーとゆったりと過ごせる時間を持てると最高です。

現代社会は、文明のお陰で随分と便利になりました。
24時間眠らない街があり、ネットを見れば気軽に誰かとつながれて、片時も離さずスマホでエンターテインメントを楽しむことができる……。

でも、朝起きて夜休むという自然のリズムを失った弊害は、自律神経に不具合が生じたり、自分を誰かと比べてしまったり、スマホを手放せなくなってしまったりしているところに現れているのではないでしょうか？

占星術的には、そんなときこそ、月を使うのが効果的。心身の揺らぎを感じるときは、自分の月的な志向を楽しむ。その「月モード」を取り入れてみると、自分をニュートラルに戻すことができ、滞っていたものがスーッと流れ出して、動き始めるかもしれません。

ちなみに、月も太陽も、どちらも同じ太陽の光なので、その意味では、月は「もうひとりの自分」と言えなくもありません。月の性質は、それぞれくらい強く自分の中に宿ってしまうもの。

さらに、月には満ち欠けがありますから、新月生まれか満月生まれかによっても、影響の度合いが違います。新月の頃に生まれた場合、月はほとんど見えないため、あまり影響は受けず、性格的にも表裏がないでしょう。

逆に、満月の頃に生まれた場合は、パワーを直接的に受けるため、ふたつの人格が共存するイメージに。自分のアイデンティティはどちらなのか、戸惑ってしまうかもしれませんが、その場合は、週末にまったく別の顔になる時間を設けたり、SNSでアバターを作って第2の顔を持ったりすると、バランスが取りやすくなるでしょう。

When it is dark enough,
you can see
the stars.

# 火星は元気をもらえるポイント！

火星の主な役割は、オンタイムのパワーを注入してくれることです。火星が位置する領域を見ると、社会を渡っていくための武器がわかります。

例えば、双子座なら情報を扱うことやインターネットを利用すること、蟹座ならコミュニティのために尽力することや家族のために頑張ること、乙女座なら整理整頓や段取りをつけることなどですが、この辺りは、P66～77の太陽星座の説明を読んで頂くと掴みやすいでしょう。

また、よく言われるのが、火星は自分に適した食材を教えてくれるということ。

私の場合、火星は水瓶座。水瓶座のラッキーフードである葉物などの食材を摂ると調子が上がる気がします。疲れを感じるときには、ルッコラをたっぷり使ったイタリアンサラダなどを食べると、神経がつながるイメージがあり、元気も回復。火星は、いわば「天体の栄養ドリンク」と呼べるかもしれません（P66〜の各星座のラッキーフード参照）。

そしてもうひとつ、ぜひ日常生活に生かして頂きたいのが、**自分のイラッとくるポイントや怒りのトリガーがわかる点。**

再度、自分の話で恐縮ですが、実は私は、エレベーターがすぐに閉まらないことが非常に苦手です。あまりにせっかちでお恥ずかしいですが(笑)、スーッと閉まらないと、どうしてもイライラしてしまいます。

火星が水瓶座なので、何事も「スムーズ」であることを重視していて、すべてがつつがなく流れていって欲しいのですが、「扉が閉まります」というゆったりしたアナウンスを聞いていると、その間《ま》が流れを止めてしまう気がするのです。
一般的には〝その程度のこと〟と思われるかもしれませんが、私にとっては「エレベーターの開閉が遅いホテルには絶対に泊まらない」と決めているほど妥協できないポイント。

そういった、その星座なりのイライラ要因を司るのも火星の領域で、これが魚座なら、何事も調和して欲しいのに荒ぶる人がいると気を乱されて嫌だとか、乙女座だとふらっと入ったカフェなどで窓が汚れているのがとても気になるとか、牡牛座だとパートナーのムダ遣いに耐えられないとか。天秤座であれば、外出前にコーディネートがキマらないと一気にモチベーションが下がりそうですし、蠍座は他人が使ったベッドに寝るのにかなり抵抗があるかもしれません。そんな「神経質度合いの矛先」が表れるのが、火星なのです。

でもだからこそ、そこをあらかじめ自覚しておけば、普段の生活の中で腹を立てることは減るでしょうし、人の地雷も踏みにくくなるはず。家族や恋人、会社の上司など、身近な人の火星が何座に入っているかを調べておくと、その人の怒りを買う頻度も少なくなり、円満度がアップするのではないでしょうか。

Keep your eyes
on the stars,
and your feet
on the ground.

# 金星が教える「好きこそものの上手なれ」

俗に「恋愛運をみる星」と言われる金星ですが、私の場合は「恋愛と財の星」と捉えています。

わかりやすく言うと、金星は「好き好きポイント」。「好きこそものの上手なれ」を地でいけるため、努力を努力と思わずに頑張ることができ、結果的にお金に結びつきやすいのです。

例えば、せっかく三ツ星のレストランに出掛けても、目の前の食事そっちのけで自分の趣味について延々と喋り続ける人がいます。そうかと思えば、インテリアやカトラリーに注目する人もいますし、もちろん美味しいものに目がないという人も。そんな「自分の好きなもの」に対して向けられるのが、金星のフォーカス。それは当然、男女間であれば恋愛になりますし、何を着るか、どこに住むかなど、あらゆる場面に適用されていきます。

そして、そこに意識が向かっているということは、やはり現実の世界にも反映されやすいもの。お菓子好きな人が「美味しいお菓子が食べたいなぁ」と常に周囲に言っていたら、それを聞いた誰かがお土産を貰ってきてくれるかもしれません。金星は、そんな風に「顕在意識での存在感が強いゆえに実現されやすいポイント」と言えるでしょう。

星座で読み解いてみると、金星が牡牛座の場合は、端正なものや美しいもの、本物、ゴールドなどが好き。山羊座なら、古風なものやヴィンテージ、歴史があるもの、権威があるもの。フェイクは苦手で、高額でもいいから品質を重視したいという傾向があります。

自分を発見するためのメインコアはあくまで太陽ですが、そこに金星や火星が暗示するところを掛けていくと、評価されやすかったり、結果が出やすかったりと、「自分を生きている」という感覚になれるはずです。

金星は、相性を見る際にも使いますが、ひとつ注意したいのは、金星だけの相性のよさでは、結婚につながりにくいということ。もちろん、「好き」の延長線上での結婚もあるでしょう。逆にそれがないと気持ちが盛り上がらないので、それはそれで結婚に至りにくい部分もあるのですが、ただ、やはり結婚には契約という側面が。難しい局面が訪れた場合に耐え得る耐性を持つためには、金星だけの合致では、少々足りない感じがあるのです。

そういう意味では、金星の「好き」には深さと重みがありません。何かを始めるときのきっかけとしては役立ちますが、そこから構築するには、その人の武器である火星や、試練や負荷となる土星を読み解いていくことが重要で、実際に私のクライアントでも、ご縁を深くつないでいらっしゃる方は火星や土星、冥王星を使っているケースが多いようです。

金星は、原石の輝きというより、最初からキラキラしていて軽やかなイメージ。安定感はないので、金星だけに頼ってしまうと、より好みのものが現れたときに移り変わってしまう可能性があります。

好きなアイドルや好きな映画など、自分の好きなものランキングって変動しますよね？　でも、好きなだけでなく火星や土星などにまつわる「自分にとって欠かせないもの」は、そう簡単に変わることはないのです。

Fair as a star,
when only one
Is shining
in the sky.

# 月とＤＨ《ドラゴンヘッド》で読み解く、yuji的相性診断

ここまでは、あなたご自身について深く掘り下げてきました。自分探しが一段落したら、身近な人との関係性も気になるかもしれませんね。今回は、星を使った相性の見方について、お伝えしたいと思います。まずは相性を調べたい相手のホロスコープを用意しましょう。

ひとくちに相性診断と言っても様々な見方があるのですが、私の場合は、大抵、ふたつの観点から見ることにしています。

①主にプライベートな場面で、相手が自分の心にどんな影響をもたらす

かを知りたい場合。

②自分が社会における人生の課題を果たすために、相手がどんなサポートをしてくれるかを知りたい場合。

①では自分の「月」、②では自分の「DH《ドラゴンヘッド》」に、相手のどの天体が乗ってくるかを見るのですが、単に「惹かれ合うか否か」というだけでなく、「どのように補完し合えるか」という視点を重視しています。

まずは、①の月を使うパターン（相手が自分の心にどんな影響をもたらすかを知りたい場合）からご説明していきましょう。

そもそも、「心」を表す天体である月は、相性を見るのに欠かせません。

ひとりの人間は、「火星＝武器」や「土星＝負荷」、「水星＝思考・価値観」など様々な要素が集まって成立しているわけですが、例え全部が正しく機能したとしても、それを扱う「マインド＝心」が整っていなければ、スムーズに動くことはできません。だからこそ、相手がその人の心に与える影響力について知ることは、大事。機能を最大限に発揮させてくれるのか、オーバーヒートや誤作動を誘発する危険性があるのか。それを調べられるのが、月の相性診断なのです。

自分の揺らぎを完璧に補完してくれる相性は、自分の「月」に相手の「太陽」が乗っている場合。不安定になりがちな領域を常に明るく照らしてくれる人で、自信を失いそうなときも説得力のあるアドバイスをくれるなど、絶大な信頼感を抱かせてくれるはずです。

「水星」は、本能よりも思考で恋愛をしたい人向き。何かあったときにアドバイスを欲しがったり、回答を求めたいタイプには合うでしょう。

ex) P86 の A さんの場合、月が獅子座にあるので、相手の獅子座に何の天体があるのかを見ます。

「金星」も悪くはありませんが、ちょっと浮ついたところがあるので、一過性の恋愛で終わってしまうかも。

「火星」の人からは、強い刺激をもらえますが、少々スパイシー過ぎるところも。肉欲の権化のような関係性になる可能性もありますね。

「木星」の場合は、あえて強くおすすめはしません。何でも倍増させるパワーを持っているので、月の不安定さを増幅させてしまいそうです。

また、意外と思われるかもしれませんが、「土星」が乗っている人は好相性です。このケースでは、第一印象は、とっつきにくい人と感じそうですが、時間が経つほど距離が縮まり、最終的には、安定感のある盤石の関係性を築くことができます。土星は「司令官」でもあるので、弱点の克服法を教えてくれるなど、アスリートとコーチとしても最高の相性。末長く信頼関係が続きそうな点では、結婚向きとも言えるかもしれません。

相手の「トランスサタニアン（＝天王星、海王星、冥王星の総称）」が乗っている場合、これらは人生における想定外の出来事を起こす天体なので、マンネリ化した日々を激変させてくれるかもしれません。上司に持つと大変そうですが、引き換えに、自分自身のレベルアップが期待できそうです。

そして自分の月に相手の「月」が乗っている場合。癒やされるポイントが同じなので当然居心地はいいのですが、同質過ぎて進展しづらいところが。ただ、居心地のよさは大きなメリットなので、他の天体がいい具合に絡んでいれば、結婚向きと言えるでしょう。

自分の月が、相手のどの天体ともかぶらない場合もあります。そういうときは、他の天体同士のつながりや関係性を見てみることをおすすめします。これらの月との絡みを見る方法は、あくまで深い関係になる相性鑑定法のうちのひとつという捉え方をして下さい。

一方、②の自分のDHを起点に見るパターン。（自分が社会における人生の課題を果たすために、相手がどんなサポートをしてくれるかを知りたい場合）

相手の太陽や木星、金星、水星が絡んでくる場合は、大吉運。ぜひ、その関係性を末長く続けて頂きたいと思います。

ex) P86のAさんの場合、DHが水瓶座にあるので、相手の水瓶座に何の天体があるのかを見ます。

自分のＤＨがある星座に相手の「太陽」があるなら、軸がブレてしまいそうなときに正しく修正してくれるはず。または憧れの対象となって、本当に進むべき道を照らしてくれるでしょう。

「水星」の場合は、頼れるブレーン。コンサルティングの立場でサポートしてくれるでしょう。

「金星」は、財運を上げてくれます。お金に換えることのできる本来の魅力を開花させてくれそうです。

「火星」は、「これやっちゃいなよ！」と背中を押してくれるキーマンに。

「木星」は、やっていることをスケールアップしてくれるかも。

「土星」は、必要な試練を与え、あなたを鍛えてくれる加圧ベルト。

「トランスサタニアン」が乗っている人は、あなたの人生に軌道修正をかけてくれたり大きなチャンスをくれる存在。人生の一大事に現れて、用が済めばさっとどこかへ消えて行く、なんていうこともありそう。

「月」は、あなたにとっての癒やし系で、心が喜ぶ心地いい場所に導いてくれます。

ただし、相性には、関係性の好みや出会うタイミングがあり、一概にいい、悪いとは言えません。それぞれの補完関係を理解した上で判断するのが、建設的な向き合い方だと考えています。

Beautiful star in Heaven
so bright,
Softly falls
thy silv'ry light.

# トラサタでミラクルを起こす！

天王星、海王星、冥王星――。西洋占星術では、地球から見て土星以降にあるこの3つの天体を「トランスサタニアン」（以下、トラサタ）と呼び、超次元的な力を司る星と見ています。

それに対して、太陽と月を含めた土星までの7つの天体を「パーソナル天体」と呼びますが、よく言われるのは、自分で意識して使ったり、影響力を実感できたりするのは、このパーソナル天体までだということ。ただ、クライアントや私自身の体験を鑑みるに、トラサタであっても、意識して使うことは決して不可能ではありません。

私はむしろ、トラサタの力を「神々の才能」と捉え、トラサタを使うことで自分の中に眠っている天才的な潜在能力を覚醒させられると感じています。例えば、フィギュアスケートの羽生結弦選手は、たびたび怪我の憂き目に遭いながら、前人未踏のウルトラハイスコアをバンバン叩き出していますが。あれなどは、彼の持つ冥王星が幸運の星・木星と重なっているからこそできることなのかもしれません。

強烈な力が肉体や精神を壊してしまうこともあるのでハンドリングが難しいのですが、うまく使いこなせば常識ではあり得ない結果を出せたり、すごいものを掴めたりするようになります。

別の言い方をすると、トラサタは人生における「ま・さ・か！」を引き起こす天体。ホロスコープのどこに位置しているかをあらかじめ知っておくと、その奇想天外な出来事が訪れそうな領域がわかります。

ここで、あらためて各天体を説明しておきましょう。

天王星：「革新」の星。どん底を経験してから頂点に上り詰めるなど、黒を白にひっくり返す大逆転を起こす。「裏技」や「最先端」というイメージもあるので、世紀の大発見をしたり革命を起こしたりすることも。天王星を乙女座にもつ場合、社会の基盤を根底から覆す機会が人生のどこかで訪れるでしょう。天秤座なら、ファッションや新しいものに対する感度の高いアンテナでいろいろなものを発掘して世に彩りを伝えていきそう。蠍座は、〝生死〟にまつわるライフイベントを経験し、真理・心理に異常なほど惹きつけられることに。射手座の人は、普通を嫌い、常に新しいことをして社会における問題解決、今までの〝定説〟を壊していく〝ｔｈｅ自由人〟な生き方を体現。山羊座の人は、〝自分の生き方の雛形は自分自身で作り上げること〟を宿命づけられて、SNSやYouTubeなどの新しいプラットフォームに反発なく移行し、次世代の生き方の先駆者となるでしょう。

海王星：「幻影」の星。今回の人生でイリュージョンを見せてくれる座標。私はレインボー座標と呼んでおり、境界線をぼかします。蠍座をもつ人は、企業統合や新しい収入源を確保するなど、企業や会社、組織の形を変えていく力を持ちます。射手座の人は、新しいことを自分の言葉に置き換えてわかりやすく世間に伝えていくことが得意。山羊座にもつ人は、今の社会の在り方に疑問を持ち、自分たちが望む世界を実現させるために力を使うと、一気に人生に追い風が吹き始めるでしょう。水瓶座なら、改革のマインドを強く持ち、デジタルを使った新しい形の経済、ビジネスを構築してくことに。

冥王星：「破壊と再生」の星。冥王星のある領域では、「生きながらにして生まれ変わる」ような経験をするかもしれません。冥王星を乙女座に持つ人は、〝体・体調にも破壊と再生〟が訪れる可能性があり、自らが健康法や治療法の実践者となることで、後世に新しい術式や健康的ライフスタイルを残してくような使命をもつようです。天秤座に冥王星を持つ人は、両親の離婚や最愛の人との別れのようなものを通して、愛とは？　家族とは？　と自問自答を繰り返し、人生をかけてその答えを見つけ出していく生まれ。蠍座なら、ＳＮＳやＹｏｕＴｕｂｅのストック収入で巨万の富を築いたり、半年で一気に過去の年収越えの月収を獲得する一発逆転劇を起こすかも。

## トランスサタニアン

社会を動かす力を持つ、天王星、海王星、冥王星。これらを使うことで限界を超え、天才性を発揮することができる。

## パーソナル天体

その人の特性を表す天体がこの7つ。それぞれの天体がどの星座にあるかによって、自分の持っているものがわかる。

トラサタのパワーとは、神さまの代理として持たせて頂いている力。なぜ、私たちがそれを与えられているかというと、宇宙的な視点から見れば、ときに人間の手に余るものを持たせることで、人間界を進化させようとしているから。ひとりひとりに才能領域を与えて、「これでミラクルを起こしなさい」と言われているわけです。

拙著『神さまと顧問契約を結ぶ方法』（小社刊）に詳しく書いていますが、せっかくの才能を一向に使わないでいると、その領域にまつわる「強制執行」が行われる可能性があります。病気や離婚、リストラなど、ネガティブなライフイベントが、大々的に起きてしまうことになるのです。

「トラサタを使う」とは、まず自分のトラサタが入っている星座やハウスの意味を知り、とことん実行してみること。行動のハードルは高いはずですが、だからこそ、勇気を出して飛び込んでみると、強力な追い風が吹き、人外のパワーに後押しされて、次々とミラクルが起こります。

1回の人生に与えられたエネルギーは、自分のパワーと他者からのパワー、過去世で得たことのすべてを足しても、7割。残りの3割はトラサタが担っているため、そこをどのように組み込み、〝自分〟というパッケージを完成させていくべきか。真摯に考え、実践していくことが重要です。

人生に困ったり、行き詰まったりしている方にこそ、トラサタを使ってみることをおすすめします。翻弄されてしまうこともあるかもしれませんが、「こんなミラクルもあるんだ！」と受け入れて、面白がってみること。すると、これまでになかったエネルギーの循環が生まれ、自分自身はもちろん、地球全体のレベルアップに関わっていくことができるでしょう。

# EPILOGUE

本当に大事なものは目に見えない

これは『星の王子さま』の中の一節です。
私の座右の銘と言いますか、いちばん好きなフレーズなのですが、
実際にこの世の中には目には見えないけれどみんなが知っているもの、
そして大切なものがたくさんあります。
例えば、心、運命、使命というのはその代表格と言えるかもしれません。
実際にそれなりに人生経験を積んできた方であれば、
心はどこにある？　とか、
運命とは？　とか、
私の使命とは？　とか、
そういうことを今まで一度くらいは
考えたことがあるのではないでしょうか。

本書はそんな人生における大きな問いに対し、
なんらかの光明をもたらすものとなるかもしれません。
なぜならあなたの出生情報をもとに作る
ホロスコープには、宿命、才能、思考パターンなど、
あなたを構成するものや宿命といった
〝目に見えないもの〟についてまでもが示されているからです。
それゆえホロスコープはしばしば
〝人生の設計図〟とも言われ、星を使えば、
あなたが星になる方法をも導き出すことができるのです。

ただ、星読み・占星術というのは非常に奥が深く、
すべての見方を紹介すると1冊ではとても収まりきれません。
そこで今回は、徹底的に自分の才能を生かし
社会での成功を狙いつつ、魂の課題を生きる！
というところにフォーカスして、みなさんに星の世界の英智を
お届けさせて頂くことにしました。
非常に実践的な内容になっていますので、
星の世界をまた違う観点から見てみたいという方、
男性の方、ビジネスの第一線で活躍している方にも
お役立て頂けるかと思います。

本書が〝目に見えないけれど大切なもの〟を
知る手掛かりになったなら、
星として輝くためのお手伝いができたなら、
星読みに生きるものとしてこれ以上の喜びはありません。

最後に、この本の制作に携わってくださった
すべての方に心より感謝申し上げます。

この本でお伝えさせて頂いた星の調べが、
人々の心に響きますように。
そして多くの人が星として輝けますように。

yuji

デザイン　橋田浩志（attik）
カバー・本文イラスト　きたざわけんじ
編集協力　村上治子
本文カットイラスト（P86、115、169）　佳矢乃（sugar）
マネジメント　山﨑真理子
校正　麦秋新社
編集　青柳有紀　安田 遥（ワニブックス）

# yujiの星読み語り

著者　yuji

2019年12月21日　初版発行
2020年 1 月25日　2版発行

発行者　横内正昭

発行所　株式会社ワニブックス
〒150-8482
東京都渋谷区恵比寿4-4-9　えびす大黒ビル
電話　03-5449-2711（代表）
03-5449-2716（編集部）
ワニブックスHP　http://www.wani.co.jp/
WANI BOOKOUT　http://www.wanibookout.com/

印刷所　凸版印刷株式会社
DTP　株式会社オノ・エーワン
製本所　ナショナル製本


ISBN 978-4-8470-9866-6